백의종군로에서 삶을 보다

1,700리 백의종군로 자전거 순례 13일의 기록

길하늘 지음

여행마인드

목차

- 글을 열며 · 4
  고난의 때 백의종군로에 홀로 서보라!

- 백의종군로 순례 개요 (7월 25일 ~ 8월 6일, 655.4km) · · · · · · · · · 8

- [백의종군로 자전거 순례 0일] · · · · · · · · · · · · · · · · · · 10
  충무공 이순신, 조선의 해군 제독

- [백의종군로 자전거 순례 1일] 종로, 순례 길을 시작하다 · · · · · · · · · 13
  얼마나 멀고 힘이 들까?

- [백의종군로 자전거 순례 2일] 화성, '살인의 추억' 추억하다 · · · · · · · 23
  팔월의 벼 향기를 가슴에 담다

- [백의종군로 자전거 순례 3일] 아산, 장군의 묘소는 단아했다 · · · · · · · 37
  미지 세계 호기심으로 페달을 밟아 가다

- [백의종군로 자전거 순례 4일] 아산, 게바위에서 눈물 흘리다 · · · · · · · 55
  이런 새벽을 사랑하지 않을 수 있을까?

- [백의종군로 자전거 순례 5일] 공주, 나태주 시 읽고 노래 불렀다 · · · · · 75
  눈을 감고 오감을 열었다

[백의종군로 자전거 순례 6일-1] 여산, 슬픈 숲정이 순교성지 · · · · · · · · 97
나도 모르게 눈가가 젖어 들었다

[백의종군로 자전거 순례 6일-2] 전주, 새벽의 빗방울 떨어지는 소리 · · · 115
도보 여행자들에게 진한 동지애 느껴

[백의종군로 자전거 순례 7일] 남원, 뒷밤재에서 베롱꽃비에 젖다 · · · · · 127
좋은 사연에는 생명력이 깃들어 있다

[백의종군로 자전거 순례 8일] 운봉·여원재에서 길을 잃다 · · · · · · · · · 141
천국(天國)을 오르는 게 이런 느낌일까

[백의종군로 자전거 순례 9일] '구례, 내일도 오늘만 같아라' · · · · · · · · 161
무력감에 자전거 종주 멈추고 싶다

[백의종군로 자전거 순례 10일] "순천, 정말 여기까지인가?" · · · · · · · 183
버려야 여생이 홀가분해진다

[백의종군로 자전거 순례 11일] 하동, 아~ 지리산이여! 섬진강이여! · · · · · 205
육신은 안 아픈 곳이 없다

[백의종군로 자전거 순례 12일(1)] 산청, 강을 거슬러 오르는 연어처럼' · · 237
어둠 속 멀리서 반달 같은 출구가 열렸다

[백의종군로 자전거 순례 12일(2)] 삼가면 가는 길 · · · · · · · · · · · · · 255
그때는 미처 알지 못했다

[백의종군로 자전거 순례 13(피날레)일] 합천 종착지에 서다 · · · · · · · · 271
장군, 제 삶에 백의종군하겠습니다!

한국체육진흥회 트랙 스탬프 구간표 · · · · · · · · · · · · · · · · · · 282

스탬프 위치 · 283

 글을 열며
고난의 때 백의종군로에 홀로 서보라!

"단조로운 바퀴 소리, 덜컹거리는 사물들

먼 옛날 언젠가 나는 이 자전거에 올랐다.

이 자전거의 궤도와 방향은 내가 바꿀 수 없고

내키는 곳에서 불쑥 내릴 수도 없다.

자유로워 깃털처럼 가볍고

불확실하여 납처럼 무거운

이 여행에서

무엇을 할 수 있을까. 무엇을 해야 할까."

- 파스칼 메르시어 '리스본행 야간열차' 중에서 기차를 자전거로 -

백의종군로는 이순신 장군이 정유년(1597년) 1월 삼도수군통제사에서 파직

되어 도원수 권율 휘하에서 백의종군하라는 처분을 받고 서울의 의금부 옥문을 나와 경상남도 초계에 있는 도원수부까지 걸은 1,700리 길이다. 2015년에 680km 여에 달하는 옛길이 모두 고증되어 복원되었고, 2017년에 한국체육진흥회에서 서울 을지로의 이순신 생가터부터 백의종군로의 도착지인 합천 초계까지 주요 지점에 55개의 스탬프를 설치하고 도보 길을 만들었다.

장군이 걸었다는 길, 하지만 그 길에 관한 정보는 거의 없었다. 복원되었다지만 길은 뚜렷하지 않고 희미하고 아득히 멀었다. 한쪽 마음속에 묻어두었던 그 길이 어느 날 다시 불쑥 찾아왔다. 서점에서 백의종군로 도보 여행기를 본 순간 이젠 갈 수 있겠구나 싶었다. 장군이 쓴 난중일기를 읽으면서 마음이 다시 타올랐다.

도보로 25일이나 걸리는 시간을 줄이려면 자전거로 가야 했다. 모두가 피서를 가는 7월 말부터 8월 초까지였다. 별다른 준비를 하지 못했다. 도보 길을 만든 한국체육진흥회의 GPX 경로 파일과 난중일기만을 스마트폰에 챙겼다. 순례 원칙은 단 한 가지였다. '자전거 바퀴 앞 1m 만 보자!'

뜨거웠던 여름, 13일 동안 길에서 먹고 자며 매일 14시간씩 쉬지 않고 달렸다. 5일간은 가마솥더위에 익었고, 나머지 5일은 폭우에 젖었다. 의지는 어스름 저녁에 스러졌다가 아침햇살에 다시 살아났다. 백의종군로 위에 서니 익숙했던 서울은 낯설었고, 서울을 벗어나도 서울은 끝나지 않았다. 과천 → 안양 → 의왕 → 수원 → 오산 → 평택 → 아산시까지 도시를 나누는 자연 경계인 산과 하천은 거대한 콘크리트에 덮여서 '연담화(連擔化: 도시가 확대·팽창되면서 맞닿는 다른 행정구역의 시가지와 맞닿는 것)' 되어 있었다. 아산시까지의 백의종군로는 심상 속의 길이었다.

    지리산에 이르러서야 백의종군로는 선명해졌다. 백의종군로는 남원 → 운봉 → 구례 → 하동 → 순천까지 에움길과 크고 작은 고개를 넘어가며 섬진강을 휘돌아 남쪽으로 내려갔다. 하동에서 위로 솟아오른 길은 논틀길과 산판길을 가로질러 5만 년 전에 거대한 소행성이 떨어졌다는 합천까지 구불구불 올라갔다. 길은 가끔 아름답게 반짝이기도 했지만 대부분 인적이 끊기고 허름하고 낯설고 거칠었고, 남녘의 마을들은 인구학적으로 소멸하고 있었다.

    거칠고, 외롭고, 힘들고, 아팠던 길. 백의종군로는 나에게 무엇이었을까. 백의종군로 어느 곳에서나 이순신 장군이 있었다. 어려울 때마다 장군을 찾았고, 이야기를 나누었다. 길의 끝에 서서 장군에게 '모든 걸 버리고 내 삶에 백의종군하겠다'라고 고해성사했다. 내가 백의종군로 끝에서 만난 것은 긴 인생의 시간을 돌고 돌아와 나를 기다리던 나였다.

    백의종군로는 무한한 우회 길이 있어서 복원된 백의종군로 이외에는 따로 거리와 길을 기록하지 않았다. 돌아가고, 잘못 가고, 되돌아오고, 중간에 마실 간 길을 더하면 700km는 훌쩍 넘을 것이다.

    백의종군로는 도보로도, 자전거로도, 길에서 잘 수도, 숙소에서 잘 수도, 한 번에 갈 수도, 여러 번으로도 나누어 갈 수도 있다. 백의종군로에 무한한 우회 길이 있듯이 순례길에는 선택 가능한 무한한 형태의 조합이 있다. 누구든 자신이 원하는 길을 선택하면 될 것이다. 체력과 기술이 없다고 걱정할 필요는 없다. 만일 내가 '강철 체력'이었다면 아마 이 길의 끝에 서지 못했을 것이다. 게다가 이 길에는 이순신 장군이라는 든든한 백이 함께 하지 않는가!

▼ 필자와 13일 동안 동고동락한 '굴렁이'

    삶이 정말 견디기 힘든 시기가 온다면 그때 백의종군로에 홀로 서보라. 1m 앞만 보면서 가보라. 머언 길의 끝에 서서 기다리는 당신을 만날 수 있을 것이다. 그리고 진정 당신의 삶에 백의종군할 수 있을 것이다. 거친 글이지만 이 글이 당신의 순례길에 앞서간 작은 발자국이 되길 기대한다.

    끝으로 백의종군로에서 세파에 거칠어진 이 마음을 인정으로 촉촉하게 적셔주신 임실, 순천의 자전거 가게 사장님과 길에서 격려해주신 많은 분에게 감사의 마음을 전한다. 그분들이 아니었으면 백의종군로 끝에 서지 못했을 것이다. 앞서간 도보 여행자들에게도 감사를 드린다. 그들이 남긴 꼼꼼한 기록이 순례 길잡이가 되어 주었다. 그리고 그 누구보다 멀고 거친 길을 끝까지 나와 함께 한 자전거 '굴렁이'에게 이 말을 꼭 하고 싶다.

    '고맙다, 친구야~'

이 책에 인용된 자전거 순례 날짜별 난중일기 본문은 [쉽게 보는 난중일기 완역본(도서출판 여해, 노승석 역, 2022)]의 329-347쪽(정유년 4월 1일~6월 5일)의 내용을 저작권자인 노승석님의 사용 허가를 받아 사용하였음을 밝힙니다.
노승석님께 감사드립니다.

백의종군로 순례 개요 (7월 25일 ~ 8월 6일, 655.4km)

🚴 트랙 스탬프 번호 (한국체육진흥회)

- ①-1 충무공 탄생지
- ① 의금부터
- ② 남태령옛길입구
- ③ 갈산동 행정복지센터
- ④ GS25 수원서점
- ⑤ 용주사 입구
- ⑥ 진위면사무소
- ⑦ 평택역(TMO)
- ⑦-1 팽성객사
- ⑧ 이순신장군묘소 정문
- ⑨ 아산 현충사 정문
- ⑩ 게바위 정자
- ⑪ 창제귀선카페
- ⑫ 보산원초등학교
- ⑬ 정안면사무소
- ⑭ 공주예비군훈련장 정문
- ⑮ 계룡면행정복지센터
- ⑯ 노성면사무소
- ⑰ 부적농협 앞 다오정 식당
- ⑱ 여산파출소
- ⑲ 익산보석박물관
- ⑳ 삼례역
- ㉑ 전주풍남문 GS25 한옥 광장점
- ㉒ 슬치고개 백산식당
- ㉓ 임실읍사무소
- ㉔ 오수면사무소
- ㉔-1 남원농협 덕과지점
- ㉕ 남원향교
- ㉖ 이백면사무소
- ㉗ 운봉초등학교 정문
- ㉘ 주천면지리산둘레 안내센타
- ㉘ 지리산유스캠프 굴다리
- ㉘-1 밤재
- ㉘-2 산수유시배지 위 정자
- ㉙ 구례 손인필 비각
- ㉚ 구례구역
- ㉚-1 황전면사무소
- ㉛ 순천서면우체국
- ㉜ 학구마을회관 앞
- ㉝ 동해마을입구 주막
- ㉞ 구례종합운동장 정자
- ㉞-1 운조루뒤 오미정
- ㉟ 석주관
- ㉟-1 화개장터관광안내센터
- ㊱ 최참판댁 입구 파란들빵카페
- ㊲ 흥룡마을회관
- ㊳ 두곡마을회관
- ㊴ 주성마을회관
- ㊵ 중촌마을회관정자
- ㊶ 손경례가 정자
- ㊶-1 남사마을(이사재)
- ㊷ 신안파출소 정문
- ㊸ 단계삼거리(정자)
- ㊹ 삼가면사무소
- ㊺ 대양면사무소
- ㊻ 낙안2구마을

▲ 순례 08일째_여원제 입구

🚲 순례일정표

일자	트랙 코스	거리(km)
1일차(7.25)	①-1 충무공 탄생지 → ① 의금부터 → ② 남태령옛길입구 → ③ 갈산동 행정복지센터 → 산본교다리	29.5
2일차(7.26)	④ GS25 수원서점 → ⑤ 용주사 입구 → ⑥ 진위면사무소 → 마을정자	41.6
3일차(7.27)	⑦ 평택역(TMO) → ⑦-1 팽성객사 → ⑧ 이순신장군묘소 정문 → ⑨ 아산 현충사 정문 → 석두1리정자	42.8
4일차(7.28)	⑩ 게바위 정자 → ⑪ 창제귀선카페 → ⑫ 보산원초등학교 → ⑬ 정안면사무소 → 정안초	56.6
5일차(7.29)	⑭ 공주예비군훈련장 정문 → ⑮ 계룡면행정복지센터 → ⑯ 노성면사무소 → ⑰ 부적농협 앞 다오정 식당 → 은진관아골 건강복지센터 정자	53.3
6일차(7.30)	⑱ 여산파출소 → ⑲ 익산보석박물관 → ⑳ 삼례역 → ㉑ 전주풍남문 GS25 한옥 광장점 → ㉒ 슬치고개 백산식당 → 관촌초	69.5
7일차(7.31)	㉓ 임실읍사무소 → ㉔ 오수면사무소 → ㉔-1 남원농협 덕과지점 → ㉕ 남원향교 → 남원초	39.9
8일차(8.1)	㉖ 이백면사무소 → ㉗ 운봉초등학교 정문 → 운봉초	20.3
9일차(8.2)	㉗ 주천면지리산둘레 안내센타 → ㉘ 지리산유스캠프 굴다리 → ㉘-1 밤재 → ㉘-2 산수유시배지 위 정자 ㉙ 구례 손인필 비각 → ㉚ 구례구역 → ㉚-1 황전면사무소 → 황전초	66.7
10일차(8.3)	㉛ 순천서면우체국 → ㉜ 학구마을회관 앞 → 승주초	20.1
11일차(8.4)	㉜ 학구마을회관 앞 → ㉝ 동해마을입구 주막 → ㉞ 구례종합운동장 정자 → ㉞-1 운조루뒤 오미정 → ㉟ 석주관 → ㉟-1 화개장터관광안내센터 → ㊱ 최참판댁 입구 파란들빵카페 → ㊲ 흥룡마을회관 → ㊳ 두곡마을회관 → 하동초	103.1
12일차(8.5)	㊴ 주성마을회관 → ㊵ 중촌마을회관정자 → ㊶ 손경례가 정자 → ㊶-1 남사마을(이사재) → ㊷ 신안파출소 정문 → ㊸ 단계삼거리(정자) → ㊹ 삼가면사무소 → 삼가초	95.3
13일차(8.6)	㊺ 대양면사무소 → ㊻ 낙안2구마을	28

백의종군로 자전거 순례 0일

충무공 이순신, 조선의 해군 제독

　이순신은 조선의 해군 제독이다. 1545년에 한성부 건천동(을지로)에서 태어나 1598년에 노량해전에서 죽었다. 1591년에 전라좌도 수군절도사가 되어 일본의 침략에 대비해 전선을 제조하고 군비를 확충했다. 1592년 임진년에 일본의 15만 대군이 조선을 침략했다. 임진왜란은 조선, 명나라가 일본과 싸운 국제 전쟁이었고 이후 동아시아의 운명을 바꾼 전쟁이었다. 이순신은 해전에서 23번을 싸워 23번을 이겼고, 제해권(制海權)을 장악해서 풍전등화 같던 조선을 구했다. 1592년 7월 한산도에서 이순신 함대와 일본 정예 수군이 격돌한 한산대첩은 임진왜란의 향방을 가른 분기점이었다. 이 전투에서 이순신 함대는 와키자카 야스하루 함대를 학익진(鶴翼陣: 학이 날개를 펼친 듯한 형태로 적을 포위하여 공격하는 전투 진법의 하나) 전법으로 포위 섬멸했다.

　왜선 73척 중 59척이 격침되거나 나포되었고, 14척만이 도주했다. 이순신 함대의 피해는 전무(全無)했다. 압도적 승리였다. 이 해전으로 이순신은 제해권을 완전히 장악했고, 일본군의 해상 보급로가 끊겨 전쟁은 교착상태에 빠졌다. 1597년 1월 일본군의 간계로 이순신 장군은 감옥에 갇혔다. 모진 고문을 겪고 4월에 출옥하여 백의종군하게 된다. 그해 7월 원균이 이끄는 조선 수군은 칠전량 바다에서 일본 해군에 참패하여 판옥선 12척만이 남았다. 이순신은 삼도수군통제사로 재수임되어 '필사즉생, 필생즉사'로 조선 수군을 이끌며 10월 명량해전에 파도처럼 밀려오는 133척의 일본 함대를 12척의 함선으로 막아내었다. 기적에 가까운 승리였다. 1597년 명나라 군대와 연합하여 순천의 고니시 유키나와의 일본육군을 해상에서 봉쇄하던 중 구원하러 온 일본 함대를 노량해전에서 격파했다. 이 전투에서 이순신은 조총에 맞아 장렬히 전사했다. 이순신의 마지막 말은 널리 알려져 있다. "전투가 시급하니, 나의 죽음을 알리지 말라!"

이순신의 죽음과 함께 지옥 같은 7년 전쟁도 끝이 났다.

▼ 순례 13일째 이순신 백의종군로 이어해가 1.5km 표지판

백의종군로 자전거 순례 **1**일
종로, 순례 길을 시작하다

얼마나 멀고
힘이 들까?

충무공 탄생지(명보아트홀) ▶ 의금부터 ▶ 남태령옛길입구
▶ 갈산동 행정복지센터 ▶ (산본교다리)

7.25(월)

- 시간 7:00h
- 거리 29.5km
- 트랙 1-1, 1, 2, 3
- 날씨 맑음
- 기온 32-24°C
- 야영 산본교 아래

> 백의종군로 자전거 순례 **1일** | 종로, 순례 길을 시작하다

얼마나 멀고 힘이 들까?

    장군이 의금부 옥문에서 나온 날은 오늘처럼 하늘이 푸르고 청계천은 맑게 반짝였을 것이다. 백의종군로 시작인 을지로3가 탄생지로 출발했다. 시내로 들어갈수록 청계천은 녹지에서 오래된 상가 건물로, 전통시장으로, 현대식 고층 건물로 그 모습이 바뀌어 갔다. 한국의 근·현대 풍경이 얽히고설킨 모습이다.

    청계천 자전거길에서 벗어나서 을지로로 들어갔다. 을지로는 최근 '힙지로'로 불릴 정도로 서울의 핫플레이스이다. 다양한 전문 시장이 있고, 먹거리와 세련된 카페, 근현대 건축물과 역사가 어우러져 있어서 외국 여행자 숙소가 밀집해 있는 곳이다. 을지로에는 홍대 등과는 사뭇 다른 오래된 시간의 나이테가 있다.

트랙 1-1 스탬프는 생가터 표지석 뒤에 있는 커피 가게 모퉁이에 설치되어 있었다. 장군의 생가터는 이제 표지석으로나마 위치를 알 수 있었다.

"충무공 이순신 생가터, 이순신(1545~1598)은 조선 중기의 명장이다. 선조 25년(1592) 임진왜란 당시 목포, 한산도 등에서 해군을 승리로 이끌어 국가를 위기에서 건져내었다. 선조 31년(1598) 노량에서 전사하였으며, 글에도 능하여 난중일기를 비롯하여 시조와 한시 등을 많이 남겼다."

▲ 충무공 생가터

칠월 하순, 이글거리는 태양을 등에 지고 백의종군로 위에 섰다. 이순신 장군 생가터에서 의금부로 가는 길은 청계천을 건너 종로로 간다. 조선의 도심 하천이었던 청계천은 한국의 개발 성장기인 1950~70년대 복개되었다가 이명박 전 대통령이 서울시장으로 재임하던 2005년 복원되었다. 지금은 관광객들이 많이 찾는 서울의 대표적인 명소가 되었다. 청계천에는 자전거길이 조성되어 있어서 한강까지 쉽게 들어오고 나갈 수 있다.

종각역 SC제일은행 빌딩 앞에 있는 의금부 터에 도착했다. 가로수 그늘에는 비둘기들이 많았다. 길 건너편에는 종각이 어둡고 고요했다.

SC제일은행 앞 의금부터 표지판에는 "의금부터, 조선조 관리 양반 윤리에 관한 범죄를 담당하던 관아 자리"라고 적혀있다. 이순신 장군은 430년 전 이곳에 투옥되어 문초를 받다가 백의종군 처분을 받고 출옥을 했다. 의금부터 앞에는 이순신 장군 백의종군로 출발지 표지판과 트랙1 스탬프 함이 같이 있었다.

어떤 길이 될까. 얼마나 멀고 힘이 들까. 무엇을 보게 될까. 어떤 일들이 앞에서 기다리고 있을까. 끝까지 완주할 수 있을까.

출발지 앞에서 온갖 생각이 교차했다. 혼자서 파이팅을 힘차게 외치고 나니 마음이 조금은 차분해졌다.

백의종군 출발지

이곳은 1597년 4월 1일 충무공 이순신이 선조의 명을 받고, 출옥하여 백의종군길을 떠난 출발지이다. 백의종군로는 충무공 이순신이 한성(서울)을 출발하여 초계(합천 율곡)까지 간 행정록와 동년 8월 3일 삼도수군통제사로 재임명 되기 전까지의 행적이다.

▲ 백의종군로 출발지에서 의지를 다지는 필자

출발도 안 했는데 벌써 목이 말랐다. 인근에 있는 커피가게인 '센트럼드립'에 갔다. 필터 커피를 한잔 마시니 몸에 청량감이 돌고 기운이 났다.

길은 남대문을 지나 서울역 철도 옆길을 따라가다가 삼각지역과 용산 미군 기지를 돌아서 동작대교로 내려갔다. 거미줄같이 남북으로 뻗어 내려가는 철로를 따라 높은 빌딩들이 하늘을 달리고, 멀리 남산 서울N타워가 높았다. 삼각지역에서 서빙고로 가다가 철도 건널목을 잘못 넘어가서 육교로 다시 올라가서 동작대교 진입로에 들어갔다. 동작대교 위에서 바라본 한강은 짙고 푸르렀다. 맹렬한 해가 강물 위에 떨어져 빛나고, 바람은 잔물결을 일으켰다.

    대교를 건너가서 한강 지천인 반포천에 들어갔다. 반포천에는 피천득 길과 헤밍웨이 산책길이 걷기 좋고 보기에도 예뻤다. 동작대로 뒷길을 따라 조금 내달리니 이수역과 사당역을 지나 언덕이 나왔다.

▼ 하늘과 강이 더욱 푸른 서울의 동작대교

남태령 언덕길이 길게 이어졌다. 이 길은 조선 시대의 대로 중 하나였던 삼남대로의 한 부분이었다. 장군도 이 길을 힘들게 지나갔으리라.

한참을 올라가니 남태령 옛길 입구가 나왔다. 잠시 쉼터에 앉았다가 과천시청을 지나 인덕원으로 갔다. 인덕원 고개 양쪽 벌판에서는 아파트 공사가 한창이었다. 하늘 높이 솟은 타워크레인에 석양이 붉게 물들었다. 도시와 도시의 자연 경계인 이 고개도 도시의 연장선이 되어 곧 사라질 운명이다. 알지 못하는 사이에 이곳저곳 변화가 너무 빠르다. 장군은 여기서 말을 먹이고 쉬었지만, 나는 쉴 곳이 없었다.

경기도 안양시 북쪽을 흐르는 학의천을 건너 트랙 3 스탬프가 있는 갈산동 행정 지원센터에 도착할 즘 어둠이 내렸다. 주위는 온통 대단지 아파트 단지여서 야영할 만한 곳이 없었다. 인근에 있는 공원에도 가보았지만, 역시나. 몹시 난감한 상황이었다. 머리를 굴려본다. 비가 내려도 괜찮은 한적한 곳이 어디 있을까? 그래, 다리 아래다. 안양천 남쪽으로 자전거 도로를 내려가서 보니 마음에 드는 다리 밑이 나왔다. 산본교 아래다. 자전거 도로 옆으로 다리 기둥이 있어서 야영 자리로 괜찮았다. 일단 자리부터 잡고 컵라면에 햇반을 말아 먹었다. 화력이 약해 물 하나 끓이는 데도 시간이 꽤 흘렀다. 안양천에는 늦은 밤까지 운동하는 주민이 많았다. 오가는 사람이 뜸해질 즘 텐트를 펴고 누웠다. 하천에서 나는 물소리가 마치 한여름 매미 소리 같았다. 순례길의 첫날 밤은 그렇게 소란스러웠다.

남태령 (조선 시대의 옛길 이야기)

"조선 시대에도 전국을 연결하는 도로망이 있었습니다. 1770년 신경준과 홍봉한 등이 영조의 명에 따라 편찬을 시작한 「증보 문헌비고」라는 책은 전국의 도로를 총 9개로 정리하고 있고, 신경준의 「도로고」는 6개, 김정호의 「대동지지」는 전국의 도로를 10개로 정리하고 있습니다. 이들 도로는 의주로 가는 길을 첫 번째 길로 해서 시계방향으로 순서를 매겼는데, 중국과 통하는 의주대로 일본을 오가는 사신들이 이용했던 영남대로, 한양과 삼남지방을 이었던 삼남대로 등이 대표적입니다."

남태령 옛길

▲ 갈산동 행정복지센터

▲ 산본교 다리 밑에 친 텐트

산본교 다리 위에서 바라본 주변 야경

인덕원 일대의 석양 풍경

4월 1일 [신유]

맑음. 감옥문을 나왔다. 남대문 밖 윤간(尹侃)의 종 집에 가서 조카 봉, 분과 아들 울이 윤간, 허주와 더불어 한 방에 함께 앉아 오래도록 이야기했다. 윤지사(윤자신)가 와서 위로하고 비변랑(비변사 낭청6품) 이순지가 와서 만났다. 더해지는 슬픈 마음을 가눌 수 없었다. 지사가 돌아갔다가 저녁밥을 먹은 뒤에 술을 갖고 다시 왔다. 윤기헌도 왔다. 정으로 권하며 위로하기에 사양할 수 없어 억지로 마셨는데 몹시 취했다. 영공 이순신(李純信)이 술병을 들고 와서 함께 취하고 간절한 뜻을 전했다. 영의정(유성룡)이 종을 보내고 판부사 정탁, 판서 심희수, 이상(二相, 좌찬성·우찬성)(김명원), 참판 이정형(李廷馨)3, 대사헌 노직(盧稷), 동지 최원(崔遠), 동지 곽영(郭嶸)이 사람을 보내어 문안했다. 술에 취하여 땀이 몸을 적셨다.

4월 2일 [임술]

종일 비가 계속 내렸다. 여러 조카들과 함께 이야기했다. 방업(方業)이 음식을 내온 것이 매우 풍성하였다. 붓 만드는 공인을 불러 붓을 매게 했다. 저녁에 성으로 들어가 재상(유성룡)과 이야기하다가 닭이 울어서야 헤어지고 나왔다.

백의종군로 자전거 순례 **2**일
화성, '살인의 추억' 추억하다

팔월의 벼 향기를 가슴에 담다

(산본교) ▶ GS25수원서점 ▶ 용주사 입구
▶ 진위면사무소 ▶ (마을 정자)

7.26(화)

- 시간 15:00h
- 거리 41.6km
- 트랙 4, 5, 6
- 날씨 맑음
- 기온 33.8-23°C
- 야영 진위면 마을정자

백의종군로 자전거 순례 2일 화성, '살인의 추억' 추억하다

팔월의 벼 향기를 가슴에 담다

　새벽 5시, 텐트 안이 밝았다. 텐트를 걷고, 휴대용 의자에 앉아서 어제 먹다 남은 밥을 먹었다. 밤새 매미 소리 같던 물소리가 아침에는 피아노 소리처럼 경쾌하게 들렸다. 안양천을 따라 이마트 의왕점까지 내려갔다. 대나무숲 터널 구간이 200여 미터 있었는데 아침 햇살에 싱그럽고 상쾌했다. 영화의 한 컷처럼 대나무숲이 지나갔다.

　이마트 의왕점 옆 골목길로 들어섰다. 이곳은 1790년대 정조 임금의 수원 행차 때 머물렀던 행궁터였다. 1919년에는 3.1 운동 집결지이기도 했다. 짧지만 옛 정취가 물씬 나는 아담한 골목이다.

　수원으로 향하는 길은 정조가 아버지인 사도세자를 그리워하면서 넘어갔다고 하는 지지대고개를 넘어간다. 고갯마루까지 긴 오르막에 거친 호흡을 내뱉으며 페달을 밟았다. 고갯마루 아래 효행공원 화장실에서 오랜만에 세

수를 했다. 얼굴의 물기를 쓱쓱 훔치며 공원에 있다는 정조대왕상을 보려고 두리번거리는데 위에 프랑스군 한국전쟁 참전비가 보였다.

프랑스는 유엔군의 일원으로 한국전쟁에 3,491명의 군인을 파병했고 지평리 전투 등에서 무공을 세웠다. 파병군인 중 288명이 전사했다. 참전공원 앞에 세 명의 병사 동상 뒤로 반원 형태의 중앙 벽에는 전사자 288명의 이름이 하나씩 새겨져 있고, 좌우로 이어진 낮은 담에는 한국전쟁 참전사 기록과 사진이 있었다. 명비 앞에는 프랑스 대사관과 세계 여성평화협회 수원지부에서 놓은 꽃이 단정했다. 명비에 새겨진 이름 하나하나를 천천히 훑어보는데 우측 아래에 한국인 이름들이 있었다. 프랑스 대대에 소속되어 있던 한국인 전사자 이름이 여기에 같이 새겨졌다. 이태산 등 21명이 그들이다. 손으로 이름을 만지니, 마치 살아있는 듯 온기가 느껴지며 새삼 감정이 복받쳤다. 폐허의 잔해 위에 다시 일어난 자유 대한민국은 전쟁에서 피로 한국을 지킨 그들에게 큰 빚을 졌다. 그들의 피와 헌신으로 이 나라가 지켜졌고, 선진국 대열에 합류하게 되었다고 생각하니 절로 고개가 숙여지고 감사의 말이 나왔다. 자유는 공짜가 아니다. 조용한 아침, 빛나는 기념비 앞에서 깊은 묵념을 했다.

"세계의 평화와 한국의 자유를 위해 몸 바친 288명의 고귀한 이름이여, 영세가 무궁토록 영광 있으라."

공원길이 아래로 이어졌다. 지지대 교차로에서 잠시 길을 헷갈렸지만 정자동 성당을 지나 축만재까지 이어져 있는 서호천 산책길까지 잘 갔다. 화산

교에서 도로에 올라와서 아파트 단지 옆길을 따라 구불구불 가니 트랙 4 스탬프가 있는 GS25 수원서둔점이 나왔다. 백의종군로 트랙 스탬프는 편의점 안에 설치되어 있었다. 생수 한 통을 사고, 스탬프를 찍었다.

백의종군로는 서울대학교 수원 수목원 옆길로 가지만 점심을 먹으러 수원역 쪽으로 갔다. 마침 서둔동 어느 골목 안에 분식집이 보였는데 이름이 '황금분식'이었다. 분식집은 누가 찾아올까 할 정도로 한가해 보이는 골목 안에 있었지만, 아주머니 두 분이 만든 비빔밥은 푸짐하고 맛깔났다. 수수하지만 아주 맛있는 동네 맛집이었다.

길 건너 동네 로스터리 커피가게인 카페 벌터를 찾아갔다. 브라질 부룬디산 필터 커피를 마셨는데 맛이 깔끔하고 풍부했다. 컵 노트는 청귤, 호밀, 배, 호두였다. 첫 느낌은 밸런스가 좋다. 조금 더 마시니 복합적인 향미가 올라왔다. 좋은 커피를 천천히 즐겼다.

밥을 지을 때 버너와 코펠 용기가 부족해서 백의종군로 서쪽 황구치 천변에 있는 고릴라 캠핑용품점에 갔다. 백의종군로를 횡으로 가로질러 한참을 갔어야 했는데 더위로 아스팔트에 김이 모락모락 나는 것 같았다. 건널목에서 신호를 기다리는데 숨이 턱 하니 막혔다. 문제는 더위를 피할 방법이 없다는 거다. 자전거에서 양산을 들고 갈 수도 없는 노릇이다. 달리면서 계속 등에 물을 쏟아부었다. 고릴라 캠핑용품점은 교외에 있어서인지 매장 규모가 꽤 컸다. 작은 코펠과 가스버너를 구매하고 다시 백의종군로에 돌아오는 길, 더위에 몸이 수양버들 가지처럼 축 늘어졌다.

▼ 프랑스군 참전기념공원 일대 전경

▼ 안양천 대나무 터널

화성 들판 안내 표지판 (경기 옛길 화성시 이야기)

"화성시는 서쪽으로는 서해를 접하고, 동쪽으로는 용인, 북쪽으로는 안산과 수원, 남쪽으로는 오산과 평택과 접하고 있습니다. '화성'이라는 지명은 지금의 수원 화성에서 유래한 것으로 본디 화성은 지금의 수원 및 오산과 같은 행정구역이었습니다. 그러던 중 1949년 수원읍이 수원시로 승격되면서 수원군의 나머지 지역이 화성군이 되었고, 다시 2001년에 화성군이 시로 승격하여 지금의 화성시가 되었습니다. 화성시는 수원 화성 조성 이전에는 수원 읍치가 있었던 곳이자 독산성을 중심으로 하는 경기 남부 군사전략의 요충지이기도 했습니다. 또한 삼국시대부터 대중국 교통로로 중요했던 당성(당항성) 은 화성이 교통의 요충지이기도 했음을 말해줍니다. 화성시는 현대의 산업화 과정에서 약간 발전이 늦어지기는 했지만 최근 들어 신도시가 개발되고 도심이 확장되는 등 점차 활기가 넘치는 도시로 성장하고 있습니다."

중보들공원의 남쪽을 돌아가니 공군 예비군훈련장 옆 서호천 비포장길이 나왔다. 여기서부터가 영화 '살인의 추억'에서 나오는 화성시이다.

"추석이 며칠 지나지 않은 1986년 9월 15일 저녁 9시였다. 서늘한 밤바람이 추수를 앞둔 벼들을 흔들던 때, 초로의 할머니가 내일 저잣거리에 팔 푸성귀 바구니를 머리에 이고 목초지 사이로 난 흙길을 총총거리며 걸어가고 있었다. 둥그런 달 한쪽이 조금 이지러지기는 했어도 들판은 불을 밝힌 듯 달빛으로 환했다. 길섶 무성한 수풀은 달빛에도 어둡고 스산했다. 목초지 들판은 넓어서 가도 가도 제자리를 맴도는 것 같았다. 가까운 수풀에서 보삭보삭하는 소리가 들렸다. 멈춰 서서 주변을 둘러봤지만, 수풀 무더기만 음습했다.

너무 긴장했나 보다. 바쁜 걸음을 놓으려는 순간, 사람 형체가 갑자기 앞에 나타났다. 달빛을 등에 지고 있어 얼굴은 정확히 보이지 않았다. 저벅. 저벅. 형체 없는 얼굴이 다가왔다.

"누구…세요…?"

형체는 말이 없이 계속 다가왔다. 벌러덩. 뒷걸음을 치다가 할머니는 돌부리에 걸려 넘어졌다. 형체에서 희고 가는 손이 뻗어 나와 목을 움켜쥐었다. 크윽. 숨이 막히기 시작했다. 달빛이 어두워지기 시작했다."

끔찍한 화성 연쇄살인이 시작이었다. 1986년 첫 살인을 시작으로 1991년까지 화성군에서는 영화 '살인의 추억'으로 알려진 연쇄살인 사건이 일어났다. 피해자는 10대부터 70대까지의 여성 10명이었다. 연인원 200여만 명의 경찰이 투입되었지만, 장기 미제였던 사건은 2019년 DNA 분석을 통해 무기수인 이춘재가 살인자로 밝혀졌다. 사건이 일어난 뒤 30여 년 만에 종결이 되고 사건의 이름도 '이춘재 연쇄살인 사건'으로 바뀌었다.

백의종군로는 1차부터 3차 연쇄살인이 일어난 안녕리와 진인리를 지나간다. 화성군의 개발로 당시 논두렁과 목초 지역은 시가지로 바뀌었지만, 일부 미개발지에서 그때의 분위기가 언뜻언뜻 느껴져 섬뜩했다. 밤에 이 길을 갔다면 느낌이 어땠을까.

둑길을 벗어나자 푸른 벼가 산들바람에 하늘하늘 흔들리는 넓은 논이 나타났다. 들판 너머 멀리 동탄 신도시의 고층 건물들이 신기루처럼 어른거렸다. 길가 안내판에는 용주사까지 3.2km가 표시되어 있었다. 농로는 태양의 열기를 품은 팔월의 벼들이 내뿜는 향기로 가득했다. 한껏 가슴을 부풀려 그 냄새를 가슴에 담았다. 이 냄새를 커피 맛으로 만들 수 있다면 좋겠다는 엉뚱한 생각을 하면서…….

▼ 화성 들판을 달리며 '살인의 추억'을 추억하다.

어느새 용주사로 가는 오르막이 나타났다. 경사는 심한데 기어가 저단까지 내려가지 않았다. 오르막 중간부터 자전거를 끌고 올라갔다. 주택과 창고와 공장이 뒤섞인 한적한 길을 지나 용주사 내리막길로 접어들었다.

오후 2시가 넘은 시간, 길은 이글거리는 태양으로 활활 타올랐다. 용주사 주차장에서 트랙 5 스탬프를 찾으려고 왔다 갔다 하는데 갑자기 등판에서 날카로운 통증이 느껴졌다. 등을 만졌더니 마치 손이 불에 덴 듯했다. 강한 직사광선에 옷이 가열된 것이었다. 기능성 옷이라 가볍고 통기성도 좋지만, 그만큼 빨리 뜨거워졌다. 좁은 비포장 오르막길을 오르는데 정신이 팔려서 아무 생각이 없었다. 일단 등 뒤에 물을 흠씬 뿌려서 진화하며 그늘로 들어갔다. 직사광선의 무서움에 새삼 소름이 돋았다. 옷을 입어도 화상을 입을 수 있는 날씨였다. 이정표 스탬프는 용주사 주차장 왼쪽에 있는 문화해설사 관광안내소에 있었다.

용주사에서 내려와서 또 작은 사건이 있었다. 늦은 점심을 먹으려고 음식점들을 찾는데, 식당들이 모두 브레이크타임이었다. 이곳저곳을 찾아다니는데 갑자기 자전거가 구르지 않았다. 뒷바퀴를 보니 카세트와 허브에 끈이 끼어 있었다. 탑 백에 묶여 있던 두 개의 끈 중 하나가 풀어져서 카세트에 낀 것이었다. 처음에는 쉽게 풀 수 있을 것 같았는데 끈이 카세트에 여러 겹 칭칭 둘러 있어서 아무리 해도 빠지지 않았다. 몸이 흠뻑 땀에 젖어 악전고투하다가 결국 끈을 끊어버렸다. 떨어진 끈을 카세트에서 빼내면서 잠깐의 실수로 중요한 장비 일부를 잃은 것에 자책감이 들고 마음이 괴로웠다. 더위에 집중력이 뚝 떨어졌다. 몸도 많이 지쳤다. 추어탕으로 배를 채우고 나오니 오후 해그림자가 도로에 길게 늘어져 있었다.

▲ 카세트에 끼인 끈, 더위에 집중력이 뚝 떨어졌다.

황구지천을 건너서부터는 오산시이다. 오산시는 인구 23만 명의 도시로 2,000년 이후 확장되고 있는 수도권 외곽 도시이다. 한신대학교 캠퍼스 옆을 지나 신도심에 들어갔다. 아파트 단지를 따라서 작은 개울이 얇은 띠처럼 고개 너머로 이어져 있었다. 이름도 예쁜 은빛개울공원이었다. 아파트 단지와 고층 빌딩들이 밀집한 오산천을 건너가니 구도심이 나왔다. 낮고 허름한 간판이 걸린 건물들, 인도와 차도 구분이 없는 좁은 도로에서 예전 오산의 모습이 보이는 듯도 했다.

오산시 구도심을 벗어나자 바로 평택시가 나왔다. 평택시는 경기도 남단에 있는 도시로 충남 아산시, 천안시에 맞닿아 있고, 인구는 28만 명이다. 서울시에 있는 대규모 용산 미군 기기가 평택시 팽성읍으로 이전 중에 있다. 들판에 산업지구와 나홀로 아파트가 섞여 있는 교외 지역을 지나 봉남길을 달려서 진위면 사무소에 도착했다. 진위면 사무소는 조선 시대 진위현이 있었던 곳으로 일제강점기인 1919년에 수백 명의 읍민이 독립 만세 시위를 한 장소이다. 면사무소 마당에는 진위현 관아 기초석이 전시되어 있었다. 주위가 벌써 어둑어둑해졌다. 스탬프 위치는 보통 정자 기둥에 설치되어 있었는데 아무리 찾아봐도 스탬프 함이 보이지 않았다. 주변을 몇 바퀴 돌고 나서야 반대편에 정자가 하나 더 있다는 것을 알았다. 동쪽 마당 구석 나무에 가려져 있는 정자에서 트랙 6 스탬프를 찍었다.

야영할 자리를 찾아 헤매다 진위천 유원지까지 갔는데 관리인이 오늘은 자리가 없다고 했다. 다시 마을로 돌아와서 향교 쪽에 가보니 마을 끄트머리에 운치 있는 정자가 있었다. 사람 통행이 없는 곳이어서 여기서 하루 묵어가기로 했다. 새로 산 버너에 닭가슴살이 지글지글 맛있는 소리를 냈다. 밥은 설익었으나 시장이 반찬이라 더할 나위 없이 맛있는 저녁밥이었다.

정자에 마련한 잠자리가 무척 마음에 들었다. 꿈나라로 막 가려는 순간, 요란한 소리에 놀라 눈이 번쩍 떠졌다. 무슨 소리지? 전투기의 굉음이 하늘을 찢을 듯했다. 민간항공기 소음과는 비교할 바가 아니다. 잠을 못 자고 뒤척이고 있는데 자정이 되자 소음이 뚝 끊겼다. 이곳에 살면 이 소음도 익숙해질까. 비행기 소음이 사라진 밤은 더 고요했다.

▲ 진위면 면사무소

▲ 진위면 정자에서의 저녁 식사

4월 3일[계해]

맑음. 일찍 남쪽으로 가는 길에 올랐다. 금오랑(의금부 도사) 이사빈(李士贇), 서리 이수영(李壽永), 나장 한언향(韓彦香)이 먼저 수원부(수원고읍성)에 이르렀다. 나는 인덕원(과천)에서 말을 쉬게 하고 조용히 누워서 쉬다가 저물녘 수원에 들어가서 이름도 모르는 경기 관찰사(홍이상)의 병사의 집에서 잤다. 신복룡이 우연히 왔다가 내 행색을 보고 술을 가지고 와서 위로해 주었다. 수원 부사 유영건(柳永健)이 나와서 만났다.

4월 4일[갑자]

맑음. 일찍 길을 떠나 독성 아래에 이르니, 판관 조발(趙撥)이 술을 준비하여 장막을 설치하고 기다렸다. 취하도록 술을 마시고 길을 떠나 바로 진위(평택 봉남리)의 옛길을 거쳐 냇가에서 말을 쉬게 했다. 오산(吾山, 화성 오산)의 황천상(黃天祥)의 집에 가서 점심을 먹었다. 황(황천상)은 내 짐이 무겁다고 말을 내어 실어 보내게 하니, 고마운 마음 그지없었다. 수탄(水灘, 안성천 상류)을 거쳐 평택현(팽성읍) 이내손(李內隱孫)의 집에 투숙했는데, 주인이 매우 친절하게 대했다. 자는 방이 몹시 좁은데 뜨겁게 불을 때서 땀이 흘렀다.

백의종군로 자전거 순례 **3**일
아산, 장군의 묘소는 단아했다

미지 세계 호기심으로
페달을 밟아 가다

(진위면) ▶ 평택역(TMO) ▶ 팽성객사
▶ 이순신 장군 묘소 ▶ 아산 현충사 정문 ▶ (석두1리)

7.27(수)

- 시간 14 : 15h
- 거리 42.8km
- 트랙 7, 7-1, 8, 9
- 날씨 구름 조금
- 기온 30.3~22.8˚C
- 야영 석두1리 정자

백의종군로 자전거 순례 3일 아산, 장군의 묘소는 단아했다

미지 세계 호기심으로 페달을 밟아 가다

　새벽 6시, 마을 어귀에 땅 안개가 자욱했다. 느리게 지나가는 차들이 안개 커튼 뒤로 희미하게 사라졌다. 봉남교에서 진위천을 바라보니 강폭이 상당히 넓었다. 천변 이곳저곳에는 붉은 흙이 파헤쳐져 있었다. 마사사거리를 지나 삼남로 갓길을 달렸다. 평택 도심으로 가는 국도 상태는 완전 울퉁불퉁 '낙타의 등'과 같았다. 노면 상태는 좋지 않았지만, 인도가 있어 그나마 마음 편하게 달릴 수 있었다. 고갯마루에 서니 평택 시가지가 보였다. 거대한 아파트가 성채처럼 앞을 막아섰고, 아직도 시멘트 냄새가 풀풀 날 것 같은 아파트 단지 옆으로는 도로가 새까맣게 포장되어 있었다.

　평택역 인근 시장통에서야 정감 있는 도시의 표정이 다시 살아났다. 거리 구경하는 재미가 쏠쏠했다. 평택역은 도시를 가로지르는 철도 지하도를 건너서 나오는데, 지하차도 전과 후의 분위기가 신기할 정도로 달랐다. 평택역

인근 거리는 헌 옷처럼 오래되고 편안한 느낌이 들었다. 시에서 평택역 주변을 2025년까지 복합문화 단지로 개발한다고 하는데, 그때 되면 평택은 어떤 도시가 되어 있을까.

트랙 7 스탬프는 평택역 국군장병라운지 TMO 옆에 있었는데, 여태 본 스탬프 함 중 가장 깨끗하게 관리가 잘 되어 있었다. 하지만 속은 글쎄다, 스탬프 도장 덮개는 어디론가 가고, 날인 할 때 찰칵 소리가 들리지 않아서 여러 번 찍어야 했다.

▲ 평택역 국군장병라운지 TMO 앞 트랙 7 스탬프 함(붉은색)

오후 1시, 직사광선은 어제보다 덜한 것 같긴 한데 한낮의 햇빛은 여전히 겁이 났다. 문제는 사거리 신호 대기가 걸릴 때이다. 피할 그늘도 없고 신호가 바뀌기를 기다려야 하니 '그냥 나를 구워 드세요' 하는 거나 진배없었다. 신호가 하염없이 길게 느껴졌다.

안성읍을 거쳐 팽성읍으로 들어갔다. 팽성읍 서쪽에는 용산에서 이전 중인 캠프 험프리스 미군 기지가 있다. 팽성읍은 평택과 아산시 사이에서 작은 아이가 웅크리고 있는 모양새다. 읍내에 팽성읍객사가 있었다.

객사는 조선 시대 지방관리들이 주기적으로 임금에게 예를 갖추는 망궐례를 행하던 곳이다. 지방으로 가는 중앙 관리들의 숙소로도 사용되기도 했다. 팽성읍객사에 도착하니 공사 중이어서 출입을 할 수 없었다. 삼거리 편의점에

▲ 공사 중인 팽성읍 객사

▲ 아산시 입구 초록 들판 너머 아파트촌 풍경

서 앉아서 물을 마셨다. 간간이 아이들 웃는 소리가 들려왔다. 드문드문 차가 지나가고, 낮은 건물 뒤로 높은 아파트들이 이상스레 부담스럽지 않았다. 팽성읍은 아담하고 편안한 도시였다. 팽성 초등학교를 거쳐 남쪽으로 내려갔다.

다리 건너부터는 아산시였다. 역시 거대한 아파트 단지가 순례자를 먼저 맞아주었다. 단지 앞 논에 있는 푸른 벼들이 바람에 물결치고 있었다. 그림엽서에서나 볼 수 있을 것 같은 이색적인 풍경을 연출한다. 팔월의 뜨거운 열기를 묵묵히 담아 익어가는 벼를 지날 때면 몽글몽글 피어오르는 냄새가 참 좋았다. 그냥 풀 냄새일 뿐인데, 냄새는 투박하지 않고 가볍고 상쾌했다. 개별의 냄새가 아닌 군집의 냄새, 그 냄새는 바람이 불지 않아도 스스로 그 향기를 피워 올렸다. 이번 순례길에서 얻은 즐거움 중 하나, 자유롭고 충만해지는 느낌, 생명의 냄새로 충만한 여름 들판처럼 내 가슴도 충만해졌다.

거대하게 반짝이는 아파트 단지 옆을 올라가다가 지금은 사용하지 않는 것 같은 버스정류장 의자에 걸터앉았다. 커피를 꺼냈다. 원두 이름이 길다. 양재동 커피집에서 받은 원두다. 커피 물을 끓였다. 목 넘김 느낌이 가게에서 먹을 때와 사뭇 달랐다. 첫 모금이 목구멍을 넘어가는 순간, 강렬한 맛에 화들짝 놀랐다. 온전히 커피 맛에만 빨려 들어갔다. 아이스를 먹으려고 편의점에서 얼음 컵을 샀는데,

▲ 양재동 커피가게 원두로 내린 아이스 커피

지글거리는 열기 속에서도 뜨거운 커피를 계속 먹었다. 반이나 먹고서야 얼음 컵에 나머지 반을 넣고 조금씩 음미했다.

아이스도 향이 좋았다. 도로는 햇빛에 이글거리는데 정류장 옆 작은 숲에서 불어오는 산들바람이 싱그러웠다. 커피 향이 바람처럼 입속에서 계속 맴돌았다.

오늘은 어디서 잘까, 당연히 알 수 없다. 주행을 마칠 무렵에야 야영 장소를 찾았다. 한 번은 다리 아래에서, 다음은 마을 정자에서, 오늘은 어디가 내

▲ 평택시 이모저모①

▲ 평택시 이모저모②

보금자리가 될까. 매번 편한 곳을 기대해보지만 그건 내 바람일 뿐이었다. 지난 이틀 동안 전혀 생각대로 되지 않았다. 내일 일을 알 수 없는 것처럼 이 순례길도 그런지 모르겠다. 의도하는 바는 있지만, 꼭 그렇게 되지는 않는다는 거 말이다. 그래서 이 여행이 흥미 있고 재미있는 거겠지. 모든 행로가 세세한 부분까지 다 정해져 있고, 마음이 편한 그런 여행이 아닌 불안하게 계속 무엇을 찾고, 그러다가 또 어떻게든 되는 그런 경험조차 결국 즐겁게 긍정적으로 받아들이게 되는 여행이 이번 순례길인 것 같다.

이 여행의 동력은 잘 모르는 미지의 것들에 대한 호기심을 따라서 가게 되는 것이 아닐까? 이 길, 백의종군로도 미리 자세히 알아본다고 해도 직접 경험하지 않으면 알 수 없는 그런 종류의 것이다.

충무공 묘소 올라가는 예실 입구에 도착했다. 오후의 직사광선이 바닥에 내리꽂히고 있었다. 바람이 그나마 어제보단 조금 더 불어줬다. 평택시에서 아산시까지 오는 길은 크게 두 개의 길로 나눌 수 있겠다.

첫째 길은 고독의 길, 이 길은 도농 지역을 지나간다. 포장재 공장, 앵글 공장, 고물상들이 한적한 시골길을 따라 늘어서 있고, 한쪽에는 시원한 논이 펼쳐져 있었다. 가끔 산전리처럼 예쁜 마을이 보석처럼 나타나기도 했다. 사람이 보이지 않는 길과 공장들 사이, 들길 사이 때로는 비포장길을 가면서 다양한 경치와 냄새 속에 고독감이 스멀스멀 피어올랐다.

송화 유엔빌리지 뒤 나무계단을 내려가는 길은 도보 여행자들은 괜찮았겠지만, 짐 잔뜩 자전거 여행자에게는 난코스였다. 자전거를 들고 계단을 비척거리며 내려와 비포장길을 덜컹거리며 지나가자 넓은 들판에 소담하고 예쁜 마을이 나타났다. 산전리 마을이었다. 마을에는 백의종군로 기념비가 두 개나 서 있었다. 한 개는 들판 앞에, 다른 한 개는 마을회관 앞이었다. 마을회관 앞 정자에는 할머니 두 분이 담소를 나누고 있었다. 정자 뒤에서 건너온 바람에 펄럭이는 깃발들이 내 등을 밀었다.

두 번째 길은, 로드의 길이다. '고독의 길'이 끝나면 국도 갓길을 따라가는데, 도보 여행자는 오히려 '힘들겠구나' 하는 생각이 들었다. 자전거는 갓길

▼ 산전리마을 회관 앞 무궁화 정원에 들어선 '충무공 이순신 백의종군로' 기념비

따라 편안하게 갈 수 있다. 냅다 달리다 보니 아차 하는 순간에 백의종군로를 지나쳤다. 다시 돌아오며 백의종군로 길이 역시 쉽지 않다는 것을 다시 느꼈다. 갈림길은 너무 많은데 자전거 위에서 매번 지도를 보기가 쉽지 않았다.

이순신 장군 묘역은 공사가 한창이었다. 묘소 입구에 있다는 트랙 스탬프가 보이지 않았다. 공사장 인부에게 물어보았지만 잘 모르는 눈치다. 자갈밭을 걸어서 묘소에 올라갔다. 자갈밭 언덕 위로 소나무 숲이 청량했다. 장군의 묘 우측에는 신도비와 못이 있고, 구릉 지대가 완만하게 내려왔다. 좌우가 모두 편안했다. 그리 크지 않은 묘소 앞에는 가린 것이 없고 잔디는 깨끗하고 색이 선명했다. 묘소는 문인석과 석물 몇 개만 있어 장군의 일기처럼 단아했다.

능 앞에서 묵념했다. 장군이 죽음으로 나라를 구하고, 후손들에게 역경에 맞서 싸울 힘과 용기를 주어서 감사하다고, 힘든 현재 상황도 잘 이겨낼 수 있게 해달라고 기도했다. 장군의 능에서 묵직한 힘이 느껴졌다.

묘소에서 나와 현충사로 가는 산길을 가는데 첫 고개에서 길이 막혔다. 동현2리 마을에서 방현1리 마을로 넘어가는 충무로 604길 사이에 있는 산길이다. 이리저리 산길을 돌고 돌아 급경사를 오르고 다시 내리막을 내려섰는데 백의종군로 리본이 있는 고개 아래에서 길이 막혔다. 조금만 더 가면 방현1리 마을에 갈 수 있을 것 같아서 우회 길을 찾아봤지만 길은 더 보이지 않았다.

밭일하는 분이 있어서 "이 길이 백의종군로가 맞냐?"고 물었더니 손짓으로 되돌아가라고 했다. 눈을 못 뜰 정도로 산 모기들이 달라붙는 고개에서 길을 다시 탐색해 보았으나 지도의 경로는 아까 그 길뿐이었다. 다시 내려가

단아한 충무공 이순신 장군 묘역

서 그분에게 다시 물어보니 막힌 길이니 돌아가라고 한다. 사유지인가. 아래에 철책이 쳐져 있었다. 맨몸이면 어떻게든 넘어가겠지만 자전거로는 어림도 없다. 자전거를 밀어 올려 겨우 고객 마루에 다시 서니 몸에 있던 기운이 모두 빠져버렸다. 꼬불꼬불한 소로를 돌고 돌아 나오는 길, 동네 개들이 모두 나와 마구 짖어대는데 대꾸할 힘도 없었다. 도보 여행자들의 기록을 보니 현충사까지 갈월고개와 쇠일고개 두 개의 고개를 넘어간다고 했는데, 아마 갈월고개에서 막힌 것 같았다.

45번 국도길로 우회해서 현충사 정문 옆 관광 안내 부스에 있는 트랙 스탬프를 찍었다. 무척이나 지쳤다. 버스정류장에 잠시 앉아 몸과 마음을 추슬렀다. 석양이 질 무렵 저녁 하늘이 아름다웠다. 발아래서 어둠이 올라왔다. 하루 쉬어갈 수 있는 자리를 찾아 달렸다.

어디에선가 길가에 큰 아치가 있어서 안을 들여다보니 마을 입구 정자가 보였다. 석두1리 마을이었다. 안에 들어가니 마을은 보이지 않고 하늘 위에 고속도로가 지나가고 있었다. 곧 개통할 예정인 아산-청주 간 고속도로였다. 길을 따라 조금 들어가니 집들이 옹기종기 모여 있고, 가운데에 마을회관이 있었다. 마을은 정비가 잘 되어 있고, 현수막에는 무슨 희망마을 만드는 시범마을로 선정되었다고 쓰여 있었다.

저간의 사정을 알게 되니 마을이 괜히 안쓰러웠다. 고속도로가 마을 앞에 있으니 전통시장 같은 곳에서나 볼 수 있는 대형 아치 간판을 고속도로 앞에 해놓을 수밖에 없는 마을이 된 것이다. 그래서인지 마을이 마치 '수몰(水沒)' 마을처럼 느껴졌다. 댐을 만들면 댐 위에 있는 마을들은 수몰이 된다. 그래서

▲ 석두1리 마을 정자에서 여장을 풀다.

마을은 사라지고 이름만 남는다. 석두1리 마을은 마치 수몰된 마을처럼 고속도로에 잠긴 것 같았다. 고속도로 뒤에 있어 보이지 않는 마을은 어둠 속에서 잠겨 있었다.

    정자에서 늦은 밥을 해 먹고, 고요한 들판의 정취에 젖어 들었다. 어둠이 내린 들판과 검은 산자락, 간간이 밤의 고요함을 깨트리는 자동차 소음이 들려왔다. 더위 속에 씻는 것도, 먹는 것도, 달리는 것도 여러모로 힘이 부치지만 아직은 백의종군로를 잘 따라가고 있다. 과천, 수원, 평택을 지나가는 길은 조선 시대부터 큰길이어서 수많은 사람이 다니던 길이었다. 긴 시간에 걸쳐 수많은 사람의 발걸음이 중첩된 길, 오늘 그 길에 나도 내 발걸음 하나를 보탰다. 힘들었지만, 오늘 저녁 하늘은 너무 아름다웠다. 그 멋진 풍경을 감상하다 보니 하루의 고단함이 씻은 듯 사려졌다.

갈월고개를 넘어가다가 철책에 맞닥뜨리다.

분홍 꽃처럼 몽환적 느낌을 주는 석두1리 마을 일대 노을

4월 5일[을축]

맑음. 해가 뜰 때 길을 떠나 곧장 부친의 선산으로 갔다. 수목이 거듭 들에 난 불을 겪고 말라비틀어져서 차마 볼 수가 없었다. 묘소 아래에서 절하며 곡하는데 한참 동안 일어나지 못했다. 저녁이 되어 외가로 내려가 사당에 절하고, 그 길로 조카 뇌(蕾)의 집에 가서 조상의 사당에 곡하며 절했다. 또 한 들으니 남양 아저씨가 세상을 뜨셨다고 한다. 저물녘 본가에 이르러 장인과 장모님의 신위 앞에 절하고 바로 작은 형님(요신)과 아우 우신의 부인인 제수의 사당에도 올라갔다가 잠자리에 들었으나 마음이 편치 않았다.

4월 6일[병인]

맑음. 멀고 가까운 친척과 친구들이 모두 와서 모였다. 오랫동안 못 본 회포를 풀고 갔다.

4월 7일[정묘]

맑음. 금오랑(이사빈)이 아산현에서 왔기에 내가 가서 매우 정성껏 대접했다. 홍찰방, 이별좌, 윤효원이 와서 만났다. 금오랑은 흥백(변존서)의 집에서 잤다.

4월 8일[무진]

맑음. 아침에 자리를 차려 남양 아저씨 영전에 곡하고 상복을 입었다. 늦게 흥백(변존서)의 집에 가서 이야기했다. 강계장(姜禊長)이 세상을 떠났다고 하므로 내가 가서 조문하고, 그 길로 홍석견(洪石堅)의 집에 들러보았다. 늦게 흥백의 집에 이르러 도사(의금부 관리)를 만났다.

4월 9일[기사]

맑음. 동네 사람들이 각기 술병을 갖고 와서 멀리 가는 이의 심정을 위로해

주기에 거절하지 못하고 몹시 취하고서 헤어졌다. 홍군우는 창을 하고 이별좌(이숙도)도 창을 하였다. 나는 창을 들어도 즐겁지 않았다. 도사는 술을 잘 마시나 흐트러짐이 없었다

4월 10일[경오]
맑음. 아침 식사 후 변흥백(변존서)의 집에 가서 도사와 함께 이야기했다. 늦게 홍찰방, 이별좌 형제, 윤효원 형제가 와서 만났다. 이언길, 허제가 술을 들고 왔다.

4월 11일[신미]
맑음. 새벽꿈이 매우 심란하여 이루다 말할 수가 없었다. 덕(德)이를 불러서 대강 이야기하고 또 아들 울(蔚)에게도 말했다. 마음이 몹시 침울하여 취한 듯 미친 듯 마음을 가눌 수 없으니, 이것이 무슨 징조인가. 병드신 어머니를 그리워하는 생각에 나도 모르게 눈물이 흘렀다. 사내종을 보내어 어머니의 소식을 듣게 했다. 도사는 온양으로 돌아갔다.

4월 12일[임신]
맑음. 종 태문(太文)이 안흥량9에서 들어와 편지를 전하는데, "어머니께서는 숨이 가쁘시며, 초9일 위아랫 사람들은 모두 무사히 안흥에 도착하여 정박하였다."고 했다. 법성포(영광 법성리)에 도착하여 배를 대고 자고 있을 때 닻이 끌려 떠내려가서 두 배가 육 일간 서로 떨어져 있다가 만났는데, 무사하다고 한다. 아들 울(蔚)을 먼저 바닷가로 보냈다.

백의종군로 자전거 순례 **4**일
아산, 게바위에서 눈물 흘리다

이런 새벽을 사랑하지 않을 수 있을까?

🚲

(석두1리) ▶ 게바위 정자(해암리마을) ▶ 창제 귀선카페(은행나무길 끝) ▶ 보산원초등학교 ▶ 정안면사무소 ▶ (정안초)

7.28(목)

- 🕐 시간 14:20h
- 📍 거리 56.6km
- 🚴 트랙 10, 11, 12, 13
- ☀️ 날씨 맑은 후 비
- 🌡️ 기온 32-21°C
- ⛺ 야영 정안초등학교

> 백의종군로 자전거 순례 **4일** 아산, 게바위에서 눈물 흘리다

이런 새벽을 사랑하지 않을 수 있을까?

　텐트 문을 열었다. 언제나처럼 하늘이 열리고, 붉은 해는 빛을 한 움큼씩 세상에 던져 주고, 만물은 먼 곳부터 눈을 떴다. 살랑거리는 바람, 천국의 온도, 부지런한 새의 지저귐, 사그라드는 밤벌레 소리, 나를 둘러싼 모든 것에 동화되는 느낌, 숨을 깊이 들이쉬어 본다. 숨을 뱉지 않고 싶다. 어찌, 이런 새벽을 사랑하지 않을 수 있을까. 밭일하러 마을 어르신들이 지나갔다.

　오늘은 또 무슨 일이 있을까, 어떤 경험을 할까. 그동안 경험으로 세 가지 행동 수칙이 생겼다. 첫째, 어디서든 씻을 기회가 있으면 씻는다. 둘째, 어디서든 먹을 수 있으면 먹는다. 셋째, 어디서든 쉴 수 있으면 쉰다.

　염치로를 따라 달렸다. 염치읍을 지나 중방리에서 왼쪽으로 꺾어진 길은 곡교천 둑 위에 느리게 올라갔다. 둑 옆 축사에서는 이제야 일어난 소가 해를 보고 게으른 웃음을 지었다. 둑길이 게바위까지 길게 이어졌다. 왼쪽엔 개천

이 흐르고, 오른쪽엔 밭이 넓었다. 길은 넓고 곧았고, 들판 건너 높고 낮은 산자락이 물결쳤다. 노란 황금낮달맞이꽃 몇 송이가 돋을볕에 맑게 빛났다. 이른 아침에 밭에 나온 사람들의 모습이 마치 꽃 같았다. 최고의 시간에 이런 좋은 길이라니, 절로 노래가 나왔다.

  몸뻬바지를 입은 아주머니가 탄 오토바이가 일으킨 바람살을 맞으나 정신이 번쩍 들었다. 아주머니 모습이 멀찌감치 한 점으로 사라질 즘, 곡교천이 호수같이 넓어지면서 옥빛으로 고와졌다.

▲ 몸뻬바지를 입고 곡교천 둑길을 오토바이로 달리는 아주머니

가슴 탁 트이는 광활한 곡교천 전경

게바위 못 미쳐 땅이 험하게 파헤쳐 있고, 붉은 쇠막대기 여러 다발이 강바닥에 꽂혀 있었다. 강을 바라보며 한참을 오르락내리락하며 정신없이 달렸다. 해암1리 마을을 지나 곡교천이 크게 휘도는 고개에 올랐는데 강이 마치 바다같이 넓었다. 바람과 강과 햇살에 도취해 달리다가 너무 나가버렸다. 되돌아서 강을 다시 거슬러 해암1리 마을을 지나 게바위로 갔다. 마을에선 아련한 냄새가 났다.

밥하는 냄새, 나무 태우는 냄새, 장독 냄새, 짚 냄새…….

냄새들의 향연이 펼쳐지고 어렸을 적 시골 냄새가 가물가물 길을 따라 되살아났다.

▲ 곡교천 둑길의 황금달맞이꽃

▼ 게바위

　게바위는 마을 옆의 작은 논 앞에 있었다. 게바위 이름은 바위 모양이 '게'처럼 생겼다고 해서 붙여졌다고 한다. 이곳은 원래 바다였는데, 1979년에 삽교천 방조제가 만들어지면서 육지가 되었다. 장군은 게바위에서 여수에서 뱃길로 오던 중 돌아가신 어머니의 시신을 맞이했다고 전해진다. 게바위 앞 담에는 어머니를 안고 오열하는 장군의 모습과 글이 슬펐다.

　"*나라에 충성을 바치고자 했건만*
　죄가 이미 이르렀고
　어머니마저 떠나셨네"

▲ 게바위 정자 주변 풍경

게바위 위에는 새파란 돌나물이 한가득 자라고 있었다. 아침 햇살이 비친 돌나물의 잎들이 신비로웠다. 해암정에서 트랙 10 스탬프를 찍었다. 되돌아 나오는 길, 맑은 햇살과 바람 속을 달리며 430년 전 장군과 어머니의 슬픈 만남을 내내 생각했다. 마음이 먹먹해지고 어느 순간 눈물이 바람에 날렸다.

▲ 게바위 주변 돌나물

▲ 게바위 담장

공사로 어수선한 염치읍에 도착해서 편의점에서 물과 간편식을 사서 먹었다. 퉁명스러운 편의점 종업원 때문에 살짝 나빠진 기분이 카페 '주'에서 커피 한잔하면서 잠깐 졸고 나니 다시 즐거워졌다. 곡교천 자전거 길이 길게 이어졌다. 송곡사거리를 지나 곡교천 다리를 건너 아산시 남쪽 도심지 외곽을 둘러서 갔다. 은행나무길에 트랙 11 스탬프가 있는 카페가 있다고 했는데 이글거리는 태양 아래 천변을 여

▲ 카페 '주'

러 번 왔다 갔다 하다가 결국 스탬프를 찾지 못하고 자전거 핸들을 남쪽으로 돌렸다.

　동쪽으로 난 곡교천 자전거길에서 나와 지중해 마을로 갔다. 눈앞에 거대한 탕정 삼성아파트 단지가 나타났다. 지중해 마을은 포도 농사를 하던 한적한 농촌이었는데, 삼성 디스플레이 산업단지가 들어오면서 원주민들이 인근에 만든 이색적인 관광 마을이다. 흰색으로 가득한 마을은 눈이 부셨다.

　언젠가 파주시에서 보았던 아기자기한 프로방스 마을도 생각났다. '브릭빈 커피 로스터스'라는 가게에서 필터 커피를 음미했다. 넓은 창밖 가득한 흰 벽들이 보니 마치 지중해 어느 마을에 휴양차 와서 쉬고 있는 느낌이 들었다. 점심을 먹고 배방역을 거쳐 백의종군로로 돌아오니 벌써 오후 2시가 훌쩍 넘었다. 금곡천변 고불로를 따라 내려갔다.

지중해 마을 전경

넙티고개 오르막이 시작되는 곳에서 혼성 라이더 그룹을 만났다. 백의종 군로에서 처음 만난 라이더들이라 반갑게 인사를 나누고 힘차게 고개를 올라갔다. 경사가 급했지만, 뒤에서 보고 있을 사람들이 괜스레 신경이 쓰였다. 모퉁이를 돌아 뒤가 보이지 않을 때까지 용을 쓰고 올라갔다. 경사가 왜 이렇

게 심할까. 오르막은 짧았지만, 완전히 하늘길이었다. 넙치고개는 길다고 했는데 아무래도 이상했다. 고갯마루 위에 올라 내리막을 본 순간 중력에 끌린 것처럼 그냥 쏜살같이 아래로 내려갔다. 아, 시원하다. 바로 이 맛이지. 오르막의 고생을 보상받는 이 기분. 이 맛에 자전거를 타는 것이 아닌가. 자전거가 저절로 멈춰 설 무렵 그제야 지도를 확인해 보았다. 아, 이번에는 탄식 소리가 나왔다. 넘어온 곳은 넙티고개가 아니라 솔치고개였다. 환희가 한숨으로 바뀌고, 신나게 내려왔던 길을 풀이 죽어 터벅터벅 걸어 올라갔다. 솔치고개 마루에 섰을 때, 나도 모르게 '장군' 소리가 나왔다.

'장군, 제가 부화뇌동하였습니다. 라이더 무리에 이끌려 나도 모르게 길을 잘못 들었나이다. 장군~'

▲ 솔치고개 위에서 '이 고개가 아닌가 봐'

솔치로를 내려와 623 도로를 조금 가니 낚시터로 유명한 수철저수지가 보였다. 수철리1구 마을 입구 바위에는 '근면, 자조, 행복' 세 단어가 새겨져 있었는데, 상투적인 그 말이 왠지 마음에 맴돌았다. '근면. 자조. 행복' 세 단어를 라이딩 리듬에 맞춰 반복했다. 힘이 나고 기분도 좋아졌다. 좋은 말의 힘이란, 이런 것이 아닐까.

넙티고개는 수철저수지에서 2km를 더 가서야 나타났다. 망경산과 태화산 사이를 넘어가는 넙티고개의 오르막은 들었던 대로 길었다. 고갯마루에

▲ 넙티고개 백의종군비   ▲ 넙티고개 시비

거의 다다를 즘, 숨이 거의 턱에 찰 즘 백의종군 보존회에 세운 비석과 시 두 편이 기운을 북돋아 주었다. 잠시 멈춰서 시를 읽었다. 이 고개를 힘들게 넘었을 장군을 다시 떠올렸다.

넙티고개

- 장연·한유자 -

하늘이 무너지고

땅이 꺼지는 아픔으로

돌아올 기약 없는 이 고개를

님은 가셨지만

우리 가슴엔 우국충정

피고 지고, 지고 지고

트랙 12 스탬프 함이 있는 보산원 정자

좁은 협곡 느낌이 나는 고샅에서 스릴감을 만끽하며 하강했다. 보산원초등학교 앞 정자에서 트랙 12 스탬프를 찍고, 장삼 삼거리 양지촌에서 늦은 점심을 먹었다. 닭 요리를 주로 하는 식당인데 시간이 늦어서 돌솥비빔밥을 주문했다. 생각보다 음식 맛이 너무 좋았다. 산나물, 깻잎 등 반찬만도 10여 가지나 됐는데 모두 향이 좋고, 신선했다. 김이 나는 돌솥밥에는 호두가 잔뜩 들어 있었는데 맛과 향이 진했다. 정말 맛있게 먹고 있는데, 주인아주머니가 식감이 촉촉한 여름 떡인 술떡 한 팩을 챙겨주면서 꼭 완주하라며 격려해줬다. 든든해진 배처럼 마음도 든든해졌다.

▲ "맛있다!" 양지촌 식당

하지만 좋았던 시간은 딱 거기까지였다. 바로 앞에 전혀 예상하지 못한 길이 기다리고 있었다. 오늘은 정안면사무소까지 갈 예정이었는데, 지장리를 거쳐 일명 '게티재'라고 하는 산길로 가는 길이 나왔다. 도보 여행기에는 길을 잃고 산속에서 헤맸다는 이야기도 있었고, 낭떠러지가 있어서 로프를 잡고 내려왔다는 무용담도 있었다. 이 짐 자전거로는 아무래도 무리여서 우회길을 찾아보니 그나마 가장 짧은 무학산 임도로 넘어가기로 했다.

무학산 임도는 천안시에서 새롭게 만든 둘레길이다. 조선 시대 경상도와 전라도, 충청도, 한양도성을 이은 제5봉수 노선이 둘레길의 테마였다. 봉수대는 전란 등 위급한 상황이 생겼을 때 지방에서 한양에 소식을 전하는 통신 수단으로 조선 시대에 5개의 노선이 643개의 장소에 설치되어 있었다. 제5봉수 노선은 전라도 순천에서 전라, 충청, 서울 개화산 봉수대까지 60개의 봉수대가 연결된 760km의 노선이었다. 무학산에 있는 봉수대가 제5봉수 노선상에 있었다.

▲ 무학산 임도 입구

▲ 무학산 임도

오후 6시, 산을 넘어가야 하는데 시간이 많이 늦었다. 낮에 일 없이 솔치고개를 오르내린 까닭이었다. 광덕면사무소를 거쳐 임도길 들머리인 무학리마을에 도착했다. 허름한 농가들이 소로를 따라 옹기종기 모여 있었다. 마을에 들어섰을 때 산속에서 북 치는 소리가 들렸다. 무슨 소리지. 북 치는 소리가 점점 더 크게 그리고

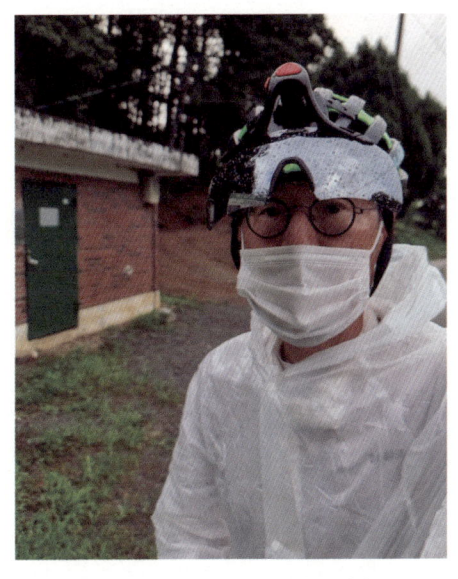

▲ 무악산 입도 입구에서 우비 차림의 필자

더 자주 들려왔다. 천둥소리였다. 곧 굵은 빗방울이 하나, 둘 떨어지기 시작했다. 검은 먹구름이 어느새 하늘에 가득 차고 주위가 어두컴컴해졌다. 처음엔 비가 좀 오면 시원해지려나 했다. 그 생각도 잠시, 순식간에 세상이 거센 비의 장막에 갇혀버렸다. 혼비백산 빗속을 질주해 어느 집 대문 아래에서 숨을 헐떡였다.

온갖 생각이 오고 갔다. 위로 가는 길은 깊은 산속이다. 비 예보는 아침에 살펴본 것과 달리 23시까지 많은 비가 내리는 것으로 바뀌어 있었다. 북 치는 소리가 산에서 연신 들려왔다. 기다려야 할까. 계속 가야 할까. 되돌아가야 할까. 지금 시간이 오후 6시이니 2시간 안에는 완전히 어두워질 것이다. 계속 가는 것을 선택한다면 초행길에다 비포장길이니 위험할 수도 있고 정안면사무소까지는 오늘 중 못갈지도 모른다. 몸은 홀딱 젖을 것이고, 야영할만한 장

소가 있는지도 알 수 없다. 물론 가장 좋은 상황은 비가 좀 약해지고 그냥 가는 것이다. 그럼, 돌아가는 것은 어떨까. 하지만 돌아가도 상황이 좋아질 건 없다. 마찬가지로 비를 쫄딱 맞을 것이고, 야영할 자리가 있는지도 알 수 없다. 그렇다면 지금 가는 것이 맞다. 출발하자.

결정하고 막 출발하려고 하는데, 좁고 경사진 골목을 MTB 라이더 두 명이 쏜살같이 위와 아래로 교차해서 지나갔다. 위로 올라가던 사람과 짧은 순간 눈이 마주쳤는데, 그 사람 표정이 참 묘했다. 결의를 다지는 표정이랄까, 황당한 표정이랄까, 온갖 감정이 뒤섞인 표정을 지으며 그는 위로 올라갔다.

산길 초입 오래된 표지판에는 밤나물골까지 2.5km 임도를 1995년에 설치했다고 써 있었다. 옆에는 테마 둘레길 새 표지판이 서 있었다. 안내판 바로 위부터 자갈밭 오르막이 나타났다. 비는 잦아들었으나 습기에 비에 땀에 몸이 완전히 젖어버렸다. 구불구불 휘돌며 길은 위로 올라가고, 경사는 약해졌다가 급해지기를 진자처럼 반복했다. 헉헉거리다가 하늘이 조금만 보여도 이젠 다 왔겠지, 이젠 고갯마루겠지 하는 희망을 품어보지는 헛된 희망이었다. 2.5 km라고 했는데 길은 끝이 없었다.

그래, 차라리 이 힘듦을 그냥 받아들이자, 지금 내 몸이 힘든 거지 내 마음이 힘든 것은 아니지 않던가.

힘듦을 힘듦으로 받아들이니 더 힘들지는 않았다. 단조로운 경치도 볼만해지고, 습지처럼 축축한 산길도 적응이 되기 시작했다.

울창한 숲에 어둠이 빨리 내렸다. 얼마나 올라왔을까, 갈림길이 나타났다. 어디로 가야 할까. 위로 난 길과 아래로 난 길 중에 위로 난 길을 선택했다. 아래로 난 길을 갔다가 다시 되돌아 나오거나 위로 다시 돌아 올라간다면 그건 못 참을 일이다. 차라리 처음부터 올라갔다가 나중에 내려오더라도 그게 낫다. 한참 올라가는데 개 짖는 소리가 아래에서 들렸다. 내려다보니 갈림길 아래 길에서 커다란 개가 이제야 나를 보고 짖어댔다. 쉬운 선택을 했으면 산속에서 개를 만날뻔했다. 아주 나이스한 선택이었어. 갈림길 위에는 윤동주 문학 산촌 앞에 시인의 '하늘과 바람과 별과 시' 문구가 적힌 시비가 있었다.

▲ 윤동주 문학산촌 표지석, 시비에 '서시'가 적혀 있다.

서시(序詩)

- 윤동주 -

죽는 날까지 하늘을 우러러

한 점 부끄럼이 없기를

잎새에 이는 바람에도

나는 괴로워했다

별을 노래하는 마음으로

모든 죽어가는 것을 사랑해야지

그리고 나에게 주어진 길을

걸어가야겠다.

오늘 밤에도 별이 바람에 스치운다.

적막에 휩싸인 정안면 중심가

    위로 올라갈수록 경사는 더 심해졌다. 하늘만 쳐다보며 굴렁이를(이때부터 자전거에게 굴렁이라는 이름을 붙여주었다) 밀어 올렸다. 얼마나 왔을까. 드디어 하늘이 가깝게 내려앉고, 경사가 완만해졌다. 어느 순간, 길 아래에 하늘이 있었다. 고갯마루에 있는 봉수대 모형 앞에서 거친 숨을 추슬렀다. 내리막은 울퉁불퉁 비포장길이다. 경사 때문에 브레이크를 꽉 움켜잡고 내려갔다. 굴렁이에 매달려있는 짐들이 덜컹거렸다. 아래 골짜기가 환하게 열리고 자욱한 운무 사이로 고즈넉한 절이 보였는데 태화사였다. 절을 보니 내리막길이 즐거워졌다. 임도를 덜컹거리며 가고 있으나 내리막은 즐겁기만 했다.

    임도가 끝나는 밤나물교에서 도로를 만났다. 최근에 새로 포장한 도로인지 티 하나 없이 깨끗했다. 정말 넓고 아무것도 없었다. 차도 사람도 없었다. 그저 고요함만이 도로에 내려앉았을 뿐. 마치 새가 활공하듯 내려갔다.

언젠가 스카이다이빙을 하며 자유낙하던 짧은 순간이 떠올랐다.

자유가 느껴졌다. 한참 동안 낙하의 즐거움을 만끽하다가 자전거 속도가 차츰 느려질 즘 나타난 오르막을 느릿느릿 올라갔다. 다시 고갯마루에 섰을 때 해거름에 붉게 물든 빗방울들이 간간이 얼굴에 날라왔다.

정안면사무소로 가는 21번 국도를 따라 난 좌우 샛길로 왔다 갔다 했다. 참 특징도 없고 멀기만 한 그런 길이었다. 정안면 마을은 고요했다. 면사무소 정자에서 트랙13 스탬프를 찍고 오늘 밤 어디서 잘지 작전을 짰다. 지도를 보니 위쪽에 정안초등학교가 있었다. 초등학교를 오늘 묵어갈 곳으로 정하고 학교에 올라가니 정문이 열려있고 안에는 아무도 없었다. 방학 중이라 주민들에게 야간 개방을 하나 싶었다. 학교 구조는 대충 교사를 중심으로 좌로 급식소가 있고 앞으로는 운동장, 뒤에는 부속 시설이 있는 배치였다. 급식소 쪽으로 가는 건물 통로에 비를 피할 수 있는 천장이 있어 자리를 펴고 누웠다. 어둠 속 초등학교가 아늑했다.

▲ 정안면 사무소 정자

난중일기

4월 13일[계해]

맑음. 일찍 식사 후에 어머니를 맞이할 일로 바닷가 길에 올랐다. 도중에 홍찰방 집에 들러 잠깐 이야기하는 동안 아들 울(蔚)이 종 애수(愛壽)를 보냈을 때에는 배가 왔다는 소식이 없었다. 다시 들으니 황천상이 술병을 들고 변흥백의 집에 왔다고 하여 홍찰방과 작별을 고하고 흥백의 집으로 갔다. 얼마 후 종 순화가 배에서 와서 어머니의 부고를 고했다. 달려 나가 가슴을 치고 발을 구르니 하늘의 해조차 캄캄해 보였다. 바로 해암11으로 달려가니 배는 벌써 와 있었다. 길에서 바라보면서 가슴 찢어지는 비통함을 모두 적을 수가 없었다. 나중에 대강 기록했다.

4월 14일[갑술]

맑음. 홍 찰방(홍군우)과 이 별좌(이숙도)가 들어와서 곡하고 관을 만들었다. 관은 본영에서 준비해 왔는데, 조금도 흠난 데가 없다고 했다.

4월 15일[을해]

맑음. 늦게 입관하는데 직접 해준 오종수(吳終壽)가 정성을 다해 상을 치르게 해주니 뼈가 가루가 되도록 잊지 못하겠다. 관에 넣는 물품은 후회함이 없게 했으니 이것은 다행이다. 천안 군수(이유청)가 들어와서 장례를 준비해주고 전경복(全慶福)씨가 연일 상복을 만드는 일 등에 성심을 다하니 슬프고 감사한 마음을 어찌 말로 다하랴.

4월 16일[병자]

궂은비가 오다. 배를 끌어 중방포(中方浦, 아산 중방리) 앞으로 옮겨 대고, 영구를 상여에 올려 싣고 본가로 돌아왔다. 마을을 바라보면서 가슴이 찢어지는 비통함을 어찌 말로 다할 수 있으랴. 집에 도착하여 빈소를 차렸다. 비가 크게 내렸다. 나는 아주 지친데다가 남쪽으로 갈 일이 또한 급박하니,

울부짖으며 곡을 하였다. 오직 어서 죽기만을 기다릴 뿐이다. 천안 군수(이유청)가 돌아갔다.

4월 17일[정축]
맑음. 금오랑(의금부 도사)의 서리 이수영(李壽永)이 공주에서 와서 갈 길을 재촉했다.

4월 18일[무·6월 2일]
종일 비가 계속 내렸다. 몸이 몹시 불편하여 고개도 내밀지 못하고, 다만 빈소 앞에서 곡만 하다가 종 금수(今守)의 집으로 물러 나왔다. 늦게 계원들이 내가 있는 곳으로 모여서 계(稧)에 관한 일을 의논하고 헤어졌다.

4월 19일[기묘]
맑음. 일찍 나와서 길에 올랐다. 어머니의 혼령을 모신 자리에 하직을 고하고 울부짖으며 곡하였다. 어찌하랴, 어찌하랴. 천지 사이에 어찌 나와 같은 사정이 있겠는가. 빨리 죽는 것만 같지 못하구나. 조카 뇌(蕾)의 집에 가서 조상의 사당 앞에서 하직을 아뢰었다. 금곡(아산 감태기마을)의 강선전관(강희증)의 집 앞에 당도하니, 강정, 강영수씨를 만나 말에서 내려 곡을 하였다. 또 보산원(천안 광덕)에 당도하니 천안 군수(이유청)가 먼저 와 있어서, 냇가에서 말에서 내려 쉬고 갔다. 임천 군수 한술(韓述)은 한양에 가서 중시(重試, 특별시험)를 보고 오는 데 앞길을 지나다 내가 가는 것을 듣고 들어와 조문하고 갔다. 아들 회, 면, 봉, 해, 분, 완 및 변주부(존서)가 함께 천안까지 따라 왔다. 원인남(元仁男)도 와서 만나고 작별한 뒤에 말에 올랐다. 일신역(日新驛, 공주 신관동)에 도착하여 잤다. 저녁에 비가 뿌렸다.

백의종군로 자전거 순례 **5**일
공주, 나태주 시 읽고 노래 불렀다

눈을 감고
오감을 열었다

(정안초) ▶ 공주예비군훈련장 정문 ▶ 계룡면행정복지센터
▶ 노성면사무소 ▶ 부적농협 앞 다오정 식당 ▶ (은진관아골건강복지센터)

7.29 (금)

- 시간 15 : 00h
- 거리 53.3km
- 트랙 14, 15, 16, 17
- 날씨 맑은 후 흐림
- 기온 35.6-25.9°C
- 야영 은진관아골 건강복지센터 정자

🚲 백의종군로 자전거 순례 **5**일 ▶ 공주, 나태주 시 읽고 노래 불렀다

눈을 감고 오감을 열었다

　알람 소리에 눈을 떴다. 비에 젖은 나뭇가지처럼 몸이 축 처졌다. 눈만 뜨고 멀뚱히 누워있었다. 텐트에서 어기적어기적 나와서 세수를 했다. 정신이 들었다. 초등학교 본관 뒤 정원은 돋을볕에 밝게 빛났다. 맑은 아침이었다. 학교 관리인이 와서 인사를 나누고 정문을 나섰다.

　새벽 둑길은 보는 것만으로도 더할 나위 없이 좋았다. 만물은 밤새 어둠에 봉인된 색들을 열고 저마다의 옅고 짙은 향들을 쏟아냈다. 색과 향을 가득 품고 둑길에 달려오는 바람과 기쁘게 조우했다. 둑길 어디선가 작은 사거리에서 손수레를 끄는 농부와 마주쳤다.

　"안녕하세요. 길이 참 좋네요."

　"요 앞에 있는 길은 장원급제길이라고 불렀어, 전에는 서울 가는 큰길이었지."

"장원급제길이요?"

"그래, 과거시험에서 장원급제한 선비들이 서울에서 내려와서 가는 길이었다고 하네. 어제는 사위가 와서 하루 묵고 갔어. 일이 있어서 빨리 올라갔지."

농부는 어제 일을 이야기하며 웃었다. 농부의 얼굴에 피는 미소처럼 햇살을 머금은 안개가 산주름 사이 사이로 잔잔히 퍼져나갔다. 내 입가에도 상그레 미소가 피어났다. 사람을 미소를 짓게 하는 것은 이런 소소한 것들이다. 사람끼리 나누는

▲ 이른 아침부터 일하는 수촌리 마을의 농부

작은 관심이 우리를 미소 짓게 한다. 둑길에서 노래를 불렀다. 가까운 산 아랫마을 작은 교회 십자가가 역광으로 빛났다.

"아침 둑길을 달리는 게 너무 즐거워
꽃들은 나한테 인사하고
바람은 너무 상쾌해
이 길 위에서 계속 달리고 싶어."

수촌리 마을에 도착한 시간은 오전 8시 30분이었다. 마을 정자는 다른 곳의 정자와 달리 입식에 가운데에 탁자가 있었다. 기둥에는 둥근 거울이 걸려 있고, 처마에는 플라스틱 차양을 설치해놨다. 정자 아래는 논이 파랬다.

젖은 빨래를 난간에 널고, 양지촌 아주머니가 준 여름 떡을 먹었다. 커피

물을 끓이다가 달궈진 코펠에 손가락을 살짝 대였다. 아픈 손가락을 호호 불면서 뜨거운 커피를 마셨다. 정자 앞에 있는 바람개비 중에 노랑이 멈춰 있었는데 살랑거리는 바람에 그 바람개비에 자꾸 눈길이 갔다. 멍때리고 있었다. 바람은 솔솔, 가끔 지나가는 차와 주민들, '꼬끼오'하는 닭 울음소리, 청량한 논 냄새……. 눈을 감고 오감을 열었다. 주위의 모든 것들이 몸에 흘러들어 왔다.

나는 어떤 소리를 내고 있을까, 나는 어떤 냄새를 피워 올리고 있나. 나는 어떤 사유를 하고 있는가. 왜 여기서 이런 글을 쓰고 있나. 분위기에 한참 취해 있는데, 작업복을 입은 나이 든 아저씨가 정자 옆 그늘에 쭈그리고 앉아있다가 올라왔다. 주섬주섬 자전거 살림살이를 치우면서 인사를 나눴다. 처음에는 무뚝뚝 보이던 아저씨는 말을 하기 시작하자 물꼬가 터진 듯했다.

"나는 수촌초등학교에서 일당제로 일을 하고 있어. 옆에 왔다 갔던 사람들도 다 같이 여기서 일하는 사람들이야."

"아저씨도 이 마을 토박이신가요?"

"아니, 나는 세종시가 개발되면서 이곳으로 왔어. 여기 주민들과 위에 있던 태실마을 사람들은 모두 다른 데로 이사 갔어."

"왜요?"

"수촌리 고분군이 발굴되면서 모두 이주했지."

"그런 일이 있었네요. 논이 참 시원하고 보기 좋아요."

"이 마을에도 농사짓는 사람은 이제 몇 명이 안 돼. 땅 주인 아들·딸들이 도시로 나가서 거의 다 부재지주거든……."

어딜 가든 이주민들의 도시가 있다. 신도시는 대개 주변 또는 멀리서 이주해온 사람들이 들어와 산다. 원주민의 정착이 많지 않은 것이 오랫동안 계속돼온 신도시의 문제다. 하긴, 살던 집뿐만 아니라 길과 산하도 바뀌며 신도시가 들어서면 과연 그곳이 이전에 살던 고향이라고 할 수 있을까. 그동안 마주쳤던 인덕원과 안양시와 의왕시와 천안시와 아산시에 있던 신도시와 지금도 계속 만들어지고 있는 지방의 신도시들이 그렇다.

아저씨의 표정에 왠지 쓸쓸함이 묻어났다. 이런저런 이야기를 나누다 보니 난간에 걸어둔 빨래가 거의 말랐다. 짐을 챙겨 수촌리 들판을 가로질러 갔다.

공주시에서 발간한 자료를 보니, 수촌리 백제 고분군은 2003년 의당 농공단지 조성을 위해 대지 조사 과정에서 우연히 발견되었다. 청동기시대 주거지, 초기철기 시대 토광묘, 백제시대 대형토광 목곽묘 등 다양한 시기의 묘와 국보급 유물이 대거 쏟아져 나와서 문화재청에서 연차적으로 발굴 중이다.

의당로에서 한참을 걸려 공주나들목 공군예비군 훈련장 입구에 도착했다. 군부대 정문 인근에 백의종군로 스탬프 함이 보이지 않아서 초병에게 가서 물어보니 잘 모른다고 한다. 앞쪽에 다시 나와서 이리저리 찾아보니 공사장 철책 기둥에 함이 설치되어 있었다. 스탬프를 찍고 가다가 군부대 초병에게 되돌아갔다. 젊은 그들에게 군 제대 후에 이순신 장군의 백의종군로를 꼭 한번 도전해보라고, 인생에 한 번은 서 봐야 하는 길이라고 이야기해주었다. 그들의 건투를 빌며 다시 길 위에 섰다.

공주시 북쪽에 있는 신시가지인 신관동 외곽을 돌아서 내려갔다. 이곳 주

▲ 공주예비군 훈련장 입구에 있는 백의동군로 스탬프 함

변은 계속 개발될 예정이다. 동쪽에 인접한 장군면을 넘어가면 행정수도인 세종시가 있다. 세종시의 배후도시로 계속 개발하고 있었다. 지금은 원주민과의 개발 갈등이 있고 부동산 경기도 내리막길이라서 시간이 걸리겠지만 머지않아 신도시 확장이 불을 보듯 뻔한 지역이다.

 신도시는 깨끗하고 살기 편하지만, 도시가 가진 고유한 매력이 없다. 수평적인 콘크리트가 벌떡 일어선 것 같은 고층 주상복합 건물들, 저수지에 산책길을 낸 생태 호수, 쇼핑센터와 근린공원, 높은 곳은 깎고 낮은 곳은 메꿔서 평평하게 만든 땅, 격자형 도로로 완벽히 구획된 거리, 만일 크거나 작거나 이 신도시를 삽으로 퍼서 어디 먼 곳에 갖다 놓아도 이 느낌과 다르지 않을 것이다. 신도시에는 세월이 없고 이야기도 없지만, 돈으로 바뀐 인간의 욕망만이 가득하다. 그곳에는 낡은 시간이 없다.

 신관동 외곽을 돌아 금강교 다리를 건너가니 공주시 구도심이 나왔다. 금강교 위에서는 1,700여 년 전 백제시대 왕성인 공산성의 구불구불한 성벽과 숲이 한눈에 보였다. 성 앞을 휘돌아 흐르는 청록색 금강이 일품인 공주시는 이번이 처음이다. 공주시에 대해 알고 있는 거라고는 역사책에서 배운 백제

수촌리 아침 들녘

▼ 수촌리 정자에서의 망중한

의 고도이고, 세계문화유산인 무열왕릉과 공산성이 있다는 정도였다. 공산성을 반쯤 돌아서 구도심의 중심을 흐르는 아담한 제민천에 들어섰다. 천변 낮은 건물 위로 하늘이 높았다. 생태하천 좌우로는 아담하고 예쁜 카페와 갤러리가 많았다.

강렬한 한낮의 햇살 때문에 거리에는 사람이 없었다. 조용하고 한적한 거리 분위기를 즐기다가, 천 옆에 들어서 있는 카페 '바흐'로 들어갔다. 카페 문을 열자 넓은 통창 가득히 제민천의 푸른 수풀이 가득했다. 라떼와 모차렐라 샌드위치를 주문했다. 쫀

▲ 제민천 인근 카페 '바흐'에서 주문한 맛깔스러운 수제 샌드위치

득한 모차렐라 치즈의 맛이 조금은 거친 빵과 잘 어울렸다. 가게에 낮게 흐르는 클래식 선율을 들으며 구석 벽에 기대 눈을 감고 있으니 내가 마치 제민천의 수풀이 된 느낌이 들었다.

다시 나온 거리는 하늘에서 뜨거운 물이라도 쏟아지듯 한낮의 해가 절정으로 치닫고 있었다. 카페에서 식었던 몸이 다시 뜨거워지기 시작했다. 백의종군로에 돌아가려는데 생각지도 않은 나태주 시인 골목길 표시가 보였다. 시인의 '풀꽃'은 좋아하는 시이다. '바람에게 묻는다'를 보고 나니 마음이 촉촉해졌다.

풀꽃1

- 나태주 -

자세히 보아야 예쁘다
오래 보아야 사랑스럽다
너도 그렇다.

풀꽃 시인의 골목이라니, 안 보고 갈 수 없지, 펄펄 끓는 폭염 속에서 좁은 골목으로 들어갔다. 골목 벽마다 시가 한가득 적혀있었다. 하나하나 천천히 읽었다. 아니 하나하나 글자들이 내 몸에 흘러들어왔다. 짧지만 마음에 훅 치고 들어오는 글들, 마음도 몸처럼 뜨거워졌다.

바람에 묻는다
바람에게 묻는다
지금 그곳에는 여전히 꽃이 피었던 달이 떴던가
바람에게 듣는다
내 그리운 사람 못 잊을 사람 아직도 나를 기다려
그곳에서 서성이고 있던가
내게 불러줬던 노래 아직도 혼자 부르며
울고 있던가

웬만한 도시는 높고 비싼 아파트와 잘 가꾼 공원, 거리, 넓은 도로, 복합 상가들로 이루어진 편리한 신도심이 있다. 하지만 어느 도시이건 원도심도 있다. 쇠퇴했건 새롭게 재생되었건 원도심을 보아야 그 도시를 본 것 같은 느낌이 들었다. 그건 그 도시를 다른 도시와 구별 짓는 고유함이 그곳에 있기 때문이다. 그곳에 많은 이야기가 있어서이다. 사람과 자연에 대한 신화, 전설, 민담, 아름다운 또는 추악한 것들에 대한 수많은 이야기가 켜켜이 쌓여있는 곳이기 때문이다. 공주의 아름다운 구도심을 보며, 좋은 도시의 조건이 무엇인가에 대한 생각을 다시 해보았다.

백의종군로는 23번 국도(차령대로) 좌우로 소학동길, 전진 배길, 노루목길을 따라 계룡면으로 갔다. 도로 주변의 크고 작은 논, 밭은 한적했다. 뜨거운 길 위에는 그늘이 없었다. 말 그대로 더위를 먹어가며 계룡면에 도착했다. 면사무소 앞에 있는 영규대사비 안내문을 읽어 보고 싶었지만, 더위 속에서 서 있을 수가 없었다. 트랙 15 스탬프 함은 면사무소 쉼터에 있었다. 오후 2시 30분이 넘었다.

편의점에서 사서 먹은 물은 시원했지만, 점심 먹을 식당은 보이지 않았다. 마을 위아래를 왔다 갔다 하다가 순댓국집 한 곳이 문이 열려있는 게 보여서 들어갔다. 금성순대국집이었다. 에어컨 바람이 천국에서 불어오는 바람처럼 좋았다. 주인아주머니가 인근에 있다가 돌아와서 순댓국을 맛있게 끓여주었다. 감사한 마음으로 먹었다.

자전거를 가게 앞에 세워두었는데, 자전거 안장이 난로 위에 올려놓은 철

공주 금강 주변 풍경

나석주 시인 골목

▲ 한적한 소학동길

도시락통처럼 뜨거웠다. 하얗게 달아오른 도로 위에서 만약 열 지옥이 있다면 이런 것일까 하는 생각이 들었다. 몸에 물을 마구 부렸다. 입으로 먹는 물보다 몸이 먹는 물이 훨씬 많아졌다.

에잇, 차라리 비라도 쏟아져라, 하는 소리가 입에서 나도 모르게 나왔다. 하지만 이 말은 하지 말았어야 했다. 물 지옥이 열 지옥보다 더 힘들다는 것을 그때는 몰랐다.

다음 트랙 16 스탬프가 있는 노성면사무소까지는 어사길, 경천용두길, 계룡산로107번길이 길게 이어졌다. 제법 널찍한 시골길들이었다. 논과 작은집과 창고가 좌우에 점점이 스쳐 갔다.

노성면사무소는 노성로에서 안으로 들어가 있었다. 벽화 그림이 예쁜 좁은 골목길에 들어가니 넓은 면사무소 주차장과 건물이 나타났다. 스탬프 함은 왼쪽 건물 벽에 붙어 있었다. 자전거를 벽에 기대놓고 면사무소 건물 옆에 있는 노성면 보건지소에 들어갔다. 오른쪽 무릎에 난 상처가 더위에 덧나 염증이 심해지고 있었다. 밴드 붙인 자리에 생긴 피부염으로 울긋불긋해지고 있는 것이 마치 가을 단풍 색깔을 닮아갔다. 간호사가 가위와 소독약 면봉 여러 개를 챙겨주었다. 나이팅게일 같은 간호사다.

전열을 재정비하고 다음 트랙 이정표가 있는 부적농협 앞 다오정식당으로 출발했다. 하늘에는 옅은 구름이 종횡무진으로 날아다니고, 햇빛은 약해졌다. 비닐하우스가 점점 많아졌다. 볼만한 경치는 아니지만 차가 없으니 이렇게 편할 수가, 마음도 몸도 이완됐다. 마치 내가 이 길의 주인인 양, 길 중앙으로 가서 천천히 달렸다. 길의 이름은 벼슬로였다.

▲ 다오정식당 입구

벼슬로가 끝나는 곳에는 초포마을이 있다. 백의종군로는 초포마을 아래 노성천 남쪽에 있는 풋개다리를 건너갔다. '풋개'는 '초포'의 우리말이다. 배가 드나들던 포구가 있었다는 뜻이다. 초포마을은 천안삼거리처럼 조선 시대에 주막이 많이 들어선 마을이었다고 한다. 장원급제길, 어사길, 벼슬로, 주막, 뭔가 한 줄로 엮어지는 듯한 생각이 들지 않는가, 그렇다. 이곳은 조선 시대 삼남길로 과거 보는 선비들이

다니던 길이었고 길 이름도 그 이력을 담아 어사길, 벼슬길로 지어졌다. 풋개 다리는 최근에 현대식으로 다시 지어졌는데 맛도 멋도 없는 전형적인 콘크리트 다리 모습이다.

새로 만든 다리 아래로 옛 다리의 초석과 교각이 버려져 있어서 마을 사람들은 옛 다리가 섬진강 섶다리처럼 복원되기를 기대한다고 한다. 외관만 보면 평범하고 심심해 보이는 조그만 시골 마을이었지만 의외로 이야깃거리가 너무 많은 마을이었다. 정감록, 고려 왕건, 춘향전, 애국지사……. 그 많은 길 위의 이야기에서 나는 오늘 이순신 장군의 이야기를 들으며 달리고 있다.

풋개다리를 건너 마구평로5길을 따라 부적면 소재지로 내려갔다. 마구평리는 조선 시대에는 황무지였는데 일제 강점 초기 일본인들이 개간하면서 농장과 수리조합이 만들어졌다. 동서남북 사통팔달 교통의 요지여서 일제강점기의 대표적인 쌀 수탈 지역이었다. 부적면 소재지 조금 못미처 동서로 나 있는 철도가 나타났다. 철도는 넘어가다가 가운데에서 멈춰섰다. 녹슨 철길과 나무 부목, 하얗고 검은 자갈, 먼 산으로 소실되는 철길, 그 위에 내려앉은 하얀 구름, 잠시 상념에 빠져 멍하니 있었다. 멀리 기적 소리가 들리는 듯했다. 천천히 철길을 건너갔다.

부적로를 거쳐 신교교를 건너니 논산 시내가 보였다. 신교교는 보기보다 긴 다리였다. 다리를 건넜는데 갑자기 뒷바퀴가 끌렸다. 드디어, 올 것이 왔구나, 펑크가 났다. 둑길 난간에 자전거를 대고, 타이어를 보니 쇳조각이 박혀 있었다. 곧 어두워질 테니 빨리 튜브를 교체하고 출발해야 한다. 서둘러

쇳조각을 빼내고 뒷바퀴 엑슬을 돌리는데 엑슬이 헛돌았다. 짐 때문에 QR레버를 짐받이를 달 수 있는 전용 엑슬로 교체했는데 문제가 생겼다. 반대편 엑슬을 잡아주면 될 것 같은데 잡을 공구가 없었다.

지도를 보니 2km 떨어진 자전거 수리점이 있었다. 논산 MTB였다. 시간이 6시가 넘어서 가게들이 문을 닫을 시간이었다. 급하게 전화를 걸었는데 다행히 주인이 출장 수리해주디고 한다. 다리에서 기다리면서 아래를 보니, 동남아 외국인 남녀 10여 명이 모여 있었다. 일부는 집에서 해 온 음식을 나눠 먹으며 이야기꽃을 피우고 있었고, 남자들 몇몇은 주변에서 스쿠터를 타면서 놀고 있었다. 생소한 타국에서 서로 정을 나누는 모습이 참 보기 좋았다. 돈

▲ 마구평리의 녹슨 철길

도 많이 벌고 한국에 대해 좋은 추억도 많이 간직해서 고국에 건강하게 돌아가기를 바랐다.

자전거 수리 차량이 왔다. 젊은 사장님이 자루에서 공구를 꺼내서 뒷바퀴를 빼내려고 했는데 이번에도 엑슬이 빠지지 않았다. 결국에 가게까지 자전거를 싣고 갔다. 가게에서 렌치로 반대편을 잡고 돌리니 그제야 액슬(axle: 바퀴의 차축)이 빠졌다. 튜브를 바꾸고 바람도 넣고, 이것저것 정비를 해주었다. 출장까지 와주고, 성의껏 자전거를 봐준 사장님이 고마웠다. 장거리 자전거 여행자를 잘 이해해주시는 분이었다.

주위가 벌써 어둑해졌다. 오늘은 어디까지 가야 할까. 일단 시내에서는 텐트 칠 곳이 없을 테니 더 가보기로 했다. 어둡고 희미한 길을 달려 은진면에 도착했다. 소설가가 꿈이라는 편의점 아르바이트 학생에게 야영할 곳을 물어보니 아래쪽 정자에 가보라고 알려준다. 정자에 가기 전 편의점 앞 데크에서 밥을 해서 닭죽하고 같이 먹었다. 어두운 길 건너 건물 앞에서 동네 아주머니들의 두런거리는 수다 소리가 동네의 낯섦을 조금 덜어내 주었다.

정자는 은진관아골 건강복지센터 앞에 있는 공원에 있었다. 텐트를 치고 주변에 물이 나오는 곳을 찾아 두리번거렸지만 물 나오는 곳은 없었다. 편의점에서 산 500㎖ 생수 한 통으로 소금이 한 움큼이나 생긴 몸을 닦아내고 정자 주변을 거닐며 시골 밤의 정취에 젖었다. 오늘은 좀 편안할까 싶었는데 역시나, 정말 덥고 힘들었던 하루였다. 가까운 가공 공장에서 기계 돌아가는 소리가 밤새 들려왔다.

신교교 다리에서 펑크가 난 자전거

은진관아골복지센터 앞 정자에서의 캠핑

4월 20일[경진]

맑음. 공주 정천동(定天洞)에서 아침밥을 먹고 저녁에 이산(尼山)에 들어가니, 고을 원이 극진히 대접했다. 관아 동헌에서 잤다. 김덕장(金德章)이 우연히 와서 만났고, 도사(의금부 관리)도 와서 만났다.

4월 21일[신사]

맑음. 일찍 출발하여 은원(恩院, 논산 은진 연서리)에 도착하니, 김익(金瀷)이 우연히 왔다고 한다. 임달영이 곡식을 교역할 일로 은진포구에 왔다고 하는데, 그의 행적이 매우 괴상하고 거짓되었다. 저녁에 여산(礪山, 익산 여산)의 관아의 사내종 집에서 잤다. 한밤중에 홀로 앉았으니, 비통한 마음을 어찌 견딜 수 있으랴.

백의종군로 자전거 순례 **6-1일**
여산, 슬픈 숲정이 순교성지

나도 모르게
눈가가 젖어 들었다

☒ (은진관아골 건강복지센터) ▶ 여산파출소 ▶ 익산보석박물관
▶ 삼례역-전주풍남문 GS25 한옥광장점 ▶ 슬치고개 백산식당 ▶ (관촌초)

7.30(토)

🕒 **시간** 15:00h ☀ **날씨** 맑은 후 흐림
📍 **거리** 69.5km 🌡 **기온** 32.9-24.7°C
🚲 **트랙** 18, 19, 20, 21, 22 ⛺ **야영** 관촌초등학교

백의종군로 자전거 순례 6-1일 〉 여산, 슬픈 숲정이 순교성지
나도 모르게 눈가가 젖어 들었다

지난밤은 열대야였다. 텐트 안에서 땀이 줄줄 흘렀다. 반바지와 티를 벗고 속옷 하나만 입었다. 부채가 없어서 바닥에 굴러다니는 종이를 반으로 접어서 텐트 안에서 연신 휘둘렀다. 가는 바람 한 줄기가 일어났다가 맥없이 사그라들었다. '언 발에 오줌 누기'가 따로 없던 밤, 선풍기까지는 아니더라도 부채 하나만 있었으면 얼마나 좋았을까.

눈부신 아침이었다. 텐트를 접고 보니 정자 난간에서 밤에 보이지 않던 커다란 부채 하나가 떡 하니 있었다. 한 번 흔들어보고는 욕심은 났지만 제 자리에 그냥 놓았다.

평야를 지나 시묘교를 넘어 연은로

▲ 은진관아골 건강복지센터에서 맞이한 상쾌한 아침

를 갔다. 안심로 220길 왼쪽에는 조림한 나무들이, 오른쪽에는 축산물가공시설과 농가들이 있었다. 위에서 트럭이 자주 내려왔다. 좁은 길에서 멈춰 서다 가다 하며 고개를 넘어가니 넓은 연무사거리가 나왔다. 읍을 관통하는 안심로를 따라서 상가 건물 뒤로 아파트 단지가 보였다. 연무읍은 읍소재지이니 다른 곳과 비교해 크기도 하지만 뭔가 색다른 느낌이 들었다.

국토의 중앙에 있어 사통팔달 교통이 발달한 이곳은 육군 신병 훈련소가 있는 곳이다. 1950년 한국전쟁 당시에는 연무대로 불렸다고 한다. 연무읍이란 읍 명칭도 연무대 때문에 만들어졌다. 장병들이 입소할 때 부모가 같이 와서 아들의 건강한 군 생활을 기원하면서 석별의 정을 나누는 곳이기도 하다. 그래서 이곳은 다른 읍내와 다른 몇 가지 특징이 있었다. 펜션, 숙박업소, 음식점, 이발소 등이 많다는 점이다. 입소와 퇴소, 외박하는 장병과 가족들을

▲ 연무읍 경제 활성화에 크게 이바지하는 연무대 신병훈련소 입구

대상으로 영업을 하는 업소들이다. 연무읍의 경제 활성화 관련해서는 누가 뭐래도 군 훈련소에 입대하는 신병과 가족들이 큰 역할을 한다.

연무사거리부터는 길이 시원하게 나 있어서 달리기가 좋았다. 이른 시간이라 문을 연 가게들은 거의 없었다. 시가지 중간쯤에 문을 연 편의점에 들렀다. 생수를 사면서 주인아저씨와 잠시 이야기를 나누었다.

"코로나 때문에 여러모로 어려우시죠? 읍내에 활기가 없어 보여요."

"말도 말아요. 외지 사람들이 와야 하는데 코로나19로 거의 끊겼습니다. 군인들이 입소할 때 부모들과 숙박도 안 되고, 외출 외박도 금지하니 지역경제가 어려울 수밖에요."

"오면서 보니 다른 지역도 상당히 어렵더라고요."

"여기는 다른 곳보다 더해요. 코로나가 오기 전에 팬션을 많이 지었는데, 거기가 가장 많이 타격을 입었어요."

바코드를 찍는 아저씨의 표정이 어두웠다. 거리를 거의 벗어날 즘 문을 연 작은 철물점이 있었다. 5mm 육각 렌치를 사러 가게 안에 들어갔는데 밖에서 보기보다는 안이 무척 넓었다. 밖에서 보이지 않던 사람들이 계속 가게 안에 들어왔다. 주로 농기계와 창고, 차량 수리용 부품과 공구를 사려는 사람들이었다. 오랜만에 사람들의 활기가 느껴졌다.

들판으로 난 소로를 달렸다. 아침의 한적함이 좋았다. 고개 위 도로표지판에는 "유네스코 세계문화 유산도시, 백제왕도 익산시 방문을 환영합니다"라고 쓰여 있었다. 고개 너머는 익산시이다. 백의종군로는 여산면 여산동헌과 왕궁면 보석박물관을 지나간다.

익산시는 전라북도와 충청남도 경계에 있는 시로, 1읍 14면 14행정동으로 구성되어 있다. 인구는 27만 5천명이다. 이곳도 인구가 감소하고 있다. 관광지로는 세계문화유산인 고대 백제왕국의 미륵사지석탑, 왕궁리유적지, 보석박물관 등이 있다.

▶ 익산시 입구 표지

    길가에 둥근 돌이 서 있어 들여다보니 '여산 숲정이 순교성지'였다. 조선왕조 말인 19세기 후반 고종 임금의 아버지인 흥선대원군의 섭정 시절, 대규모 천주교 박해가 있었다. 1866년부터 1873년까지 많은 천주교 신자가 순교했는데, 병인박해(1866) 때 관청이 있던 여산면에서도 25명 넘는 신자가 처형되었다. 처형지는 여산성지, 숲정이, 뒷말, 배다리, 장터, 기금터, 옥터, 백지사 등 여산면 전체에 걸쳐 있었고, 2018년에 여산성당의 성지를 시작으로 일곱 곳의 순교지를 이은 진복팔단길이 조성되었다.

    숲정이 순교성지에는 수원에서 보았던 프랑스군 참전 기념비처럼 석조 조형물이 입구에 있었다. 성모마리아가 예수를 안고 있는 상 뒤로 반원형 돌담 벽에는 예수의 마지막 시간을 형상화한 18개의 십자가의 길이 담에 부조되어 있었다. 그리 높지 않은 붉은 돌담 위로 푸른 하늘이 선명했다. 담 우측에는 두 팔을 벌린 그리스도상이 하얗게 빛나고 있었다. 그리스도상 아래 숲정이 순교성지 안내판의 글을 읽으며 슬픈 감정이 거세게 일어났다. 이곳의 처형은 다른 지역에서도 찾아볼 수 없을 정도로 참혹했다. 숲정이와 장터에서는 참수형과 교수형으로 처형하였고, 동헌(지금의 경로당) 뜰에서는 얼굴에 물을 뿌리고 백지를 겹겹이 덮어서 질식시키는 백지사 형이 집행되었다. 순교자들이 겪었을 고통을 생각하니 마음이 무겁고 아팠다. 신자는 아니지만, 그들을 위해 기도했다.

안내판에는 순교자들이 이름과 나이가 적혀있었는데, 10대부터 60대까지 연령대가 다양했다. 신념을 위해 순교한 것은 성스럽지만 슬픈 일이다. 그런데 마음이 더 아팠던 것은 그곳에 적혀있던 10대들의 이름 때문이었다.

김흥칠(마티아 19세), 김 베드트 (19세), 이 필립보 (19세)

그들의 이름과 나이를 본 순간 나도 모르게 눈가가 젖어 들었다. 안내판에 새긴 글처럼 마음에 그들의 이름이 새겨졌다.

▲ 여산 숲정이 순교성지 입구

숲정이 순교성지 예수그리스도 상, 성지 내부

여산 순교 성지

이곳 여산 성지는 1868(무진)년 박해 때의 순교성지로 전주 교구 제2의 성지이다.
1866년 대원군의 쇄국 정책과 천주교 말살 정책으로 시작된 박해는 1868년에 이르러 가장 치열하였다. 이때 금산, 진산, 고산의 심산 궁곡에 숨어살던 많은 신자들이 여산 관아에 끌려와 그중 25명이 진리의 증거자로 목숨을 바쳤다.
특히 당시 고산 넓은 바위에서는 많은 신자들이 잡혀와 17명이 처형되었는데 그중에서 지도자인 김성첨(토마스)의 가족은 6명이 순교하였다. 김 성첨은 굶주림과 혹형에 고통당하는 신자들에게 "천당 진복을 누리려는 사람이 이만한 고통을 참아받지 못하겠냐? 감심으로 참아받자" 하고 격려하였다. 이들은 옥중에도 항상 쉬지않고 공동으로 기도를 바쳤고 형제적 사랑을 나누며 형벌과 굶주림의 고통을 견디었다.
이 순교자들은 숲정이와 장터에서 참수형 혹은 교수형으로 처형되었고 동헌(지금의 경노당) 뜰에서는 얼굴에 물을 뿌리고 백지를 겹겹이 덮어 질식시켜 죽이는 백지사(白紙死) 형이 집행되었다. 옛 동헌 뜰에는 당시의 박해 사실을 증명하듯이 대원군의 척화비가 서있다.
(영문은 뒷면에 적혀 있음)

여산 성지에서 순교한 순교자들

김성첨(토마스.62세), 김명언(안드레아.62세), 김 정규(야고보.47세), 김 정언(베드로.23세), 김 홍칠(마티아.19세), 김 찬여(요한), 김 베드로(19세), 오 유리안나, 박 베드로(42세), 이 필립보(19세), 오윤집(다대오.39세), 김성화(야고보.52세), 이서방, 손 막달레나(27세), 한 정률(요한.27세), 박 성진의 아내, 전 루시아(35세), 장 윤경(야고보.37세), 전 마리아(50세), 이영화, 박성실(요한), 김 윤문, 박 운겸, 박 도미니코, 송 가롤로(50세)

" 여산에서 순교한 순교자들이여.
우리를 위하여 빌으소서. "

여산파출소에서 트랙 18 스탬프를 찍고, 여산성지 성당으로 난 좁은 골목을 올라갔다. 김성철 토마스관을 지나서 있는 성당 본관 앞에서는 여산면 마을 전체가 내려다보였다. 파랗고 붉은 지붕들이 녹음과 잘 어울렸다. 본관 계단 앞에는 기도하는 천사상이 있었는데, 표정이 마치 살아있는 듯해서 나도 모르게 두 손을 모았다. 계단을 내려와 여산 동헌으로 갔는데 문이 닫혀 있었다. 안에는 대원군 척화비가 있다고 했다.

이 마을에서도 아침에 문을 연 식당은 없었다. 지나가는 할머니에게 여쭤보니 건너편 백반집을 알려주었다. 가서 보니 문이 닫혀 있었다. 옆에 있는 '이용규 제과점'은 열려있어서 인터넷 정보를 보니 카레 크로켓이 맛있다는 평이 많았다. 좁은 가게에 들어가니 넉넉한 품의 아주머니가 반갑게 맞아주었다.

▲ 이용규 제과점 입구

"카레 크로켓 주세요."

"이런, 좀 전에 어떤 분이 다 사가셔서 지금 없어요."

"아니, 이제 아침 8시인데 벌써 다 팔렸어요?"

"조그만 가게라 많이 만들지는 않아요."

"쩝……."

이렇게 일찍 빵이 떨어지다니 아쉽지만 다른 빵 한 개를 사서 나왔다. 여산면 마을을 떠나며 숲정이 안내판에 있던 기도문이 생각났다.

"여산에서 순교한 순교자들이여. 우리를 위하여 비소서!"

▼ 여산성지성당. 순교성지 안내판의 글을 읽으며 슬픈 감정이 거세게 일어났다

다음 이정표는 익산시 보석박물관이다. 원수재를 지나 호반로를 따라갔다. 호반로는 갓길이 없어서 도보 여행자들이 힘들다고 한 길이었다. 호반로 옆에는 왕궁저수지가 나무 사이로 얼핏 보였다. 왕궁저수지을 벗어날 즘 작은 피라미드 같은 삼각뿔이 보였는데, 보석박물관이었다. 아직 문을 아직 안 열었는지 사람이 없었다. 국내에서 유일한 보석박물관인 익산 보석박물관은 11만 8천 개의 보석과 화석을 소장하고 있다고 한다. 안을 둘러보고 싶기도 하지만 일단 스탬프를 찍어야 한다. 보석박물관 앞에 잘 조성된 정원에 있는 빨간 우체통 박스 안에 스탬프가 있었다.

낮은 돌담에 앉아서 내린 커피를 빵하고 먹었다. 바람 향인지 커피 향인지 좋은 향기가 주변에 맴돌았다. 몸이 풀어지면서 이렇게 널브러져 있고 싶다는 생각이 솔솔 났다. 시간을 보니 벌써 아침 9시 20분, 하지만 조금이라도 덜 더울 때 많이 달려야만 한다. 쉬고 싶은 마음을 박물관에 남겨놓고 자전거 페달을 다시 밟았다.

이름도 찬란한 금광로를 따라 약한 오르막을 올라가니 초등학교가 보였다. 일단 씻고 보자. 종일 땀에 젖은 상태에서 저녁에 텐트를 치고 나면 씻을 곳이 없었다. 몸은 소금에 절인 고등어가 되지만 먹는 물로 닦아내는 게 고작이었다. 그나마 생수 물도 아껴서 써야 했다. 씻을 수 있는 곳에서는 무조건 씻어야 한다. 핸들을 돌려 학교로 되들어가니 바로 앞에 반가운 야외 세면대가 있었다. 수도꼭지에서 쏟아지는 물줄기에 머리를 들이밀었다. 물방울이 사방으로 튀었다. 머리를 털어내며 그늘에서 학교를 바라보고 있으니 학교가 마치 아낌없이 주는 큰 나무 같았다. 하늘에는 새털구름이 다시 끼기 시작했다.

익산 보석박물관에서의 망중한

백의종군로는 호남고속도로 옆구리에 찰싹 붙은 흥암길을 따라 내려가다가 고속도로 반대편 우주로로 굴다리를 건너갔다. 굴에서 바라본 반원형의 바깥 풍경이 무척이나 멋있었다. 먼 사위로 흰 구름이 층층이 쌓여있고, 사이사이 하늘은 푸른데 마치 달걀을 세워 놓은 것 같은 굴 테두리를 따라 부채 같은 나무줄기가 돌아가며 뻗어 나와 있었다. 기록용 이외에는 사진은 잘 찍지 않지만, 이곳에서는 사진 한 컷 찰칵했다. 아무렇지도 않은 이 풍경에 반했다.

우주로는 한 마디로 황량한 길이다. 폐축사와 버려진 공장, 창고들이 주위의 황량함을 더했다. 삼례읍에 들어서자 분위기가 바뀌었다. 삼봉로 앞 아파트 단지에 있는 이마트24 삼례멋쟁이점에 들렀다. 냉장고 문을 열고 생수를 꺼내고 다시 닫으려는 순간 문에 붙여놓은 손글씨에 손이 멈췄다.

"그냥 사랑받는 게 아니라 사랑받을 행동을 하니까 사랑받는다. 냉장고 문을 탕탕 닫으면 가슴이 철렁 내려앉는다. 사랑받을까?"

문을 닫으려는 손길이 부드러워졌다. 매장 옆에는 휴게공간이 있는데 책 사진으로 인테리어를 해놓아서 마치 북 카페 같았다.

"사랑받는 사람은? 얼굴이 예뻐서가 아니다~ 밝게 웃는 사람이고, 사랑받는 사람은 똑똑해서도 아니다. 배려심이다. 사랑받는 사람은 그냥 받는 게 아니라 사랑받을 행동을 해서 사랑을 받는다. 본인이 머물던 자리도 정리하면 충분히 사랑받을 자격도 있지만, 의무이고 에티켓이니 같이 가꾸어 가는 아름다운 사회를 만들어 갑시다. 동참에 감사해요 - from 멋쟁이"

이마트24 삼례멋쟁이점 주인장은 멋쟁이 아저씨다. 아니, 계산할 때 보니

▲ 우주로 입구 굴다리

멋쟁이 아주머니였다.

현대적으로 보이는 시가지를 가로질러 삼례역에 가까워질수록 길은 깨끗하고 아담하고 색감이 있었다. 삼례역사문화 지구라고 해야 할까. 삼례문화예술촌도 있고, 감성 카페도 있고, 고색창연 성당도 있고, 관광지 느낌이 길에서 묻어났다.

삼례문화예술촌에는 오래된 창고 건물이 여러 개 있었는데, 전시관과 주제관으로 사용되고 있었다. 안내 설명에는 이곳이 일제강점기인 1920년대 전라도 호남평야에서 수탈한 쌀을 보관하기 위한 창고로 목조 4동 건물을 만들었다고 했다. 입구 앞에 있는 제1전시관 건물 벽에 붙여놓은 앙리 마티스

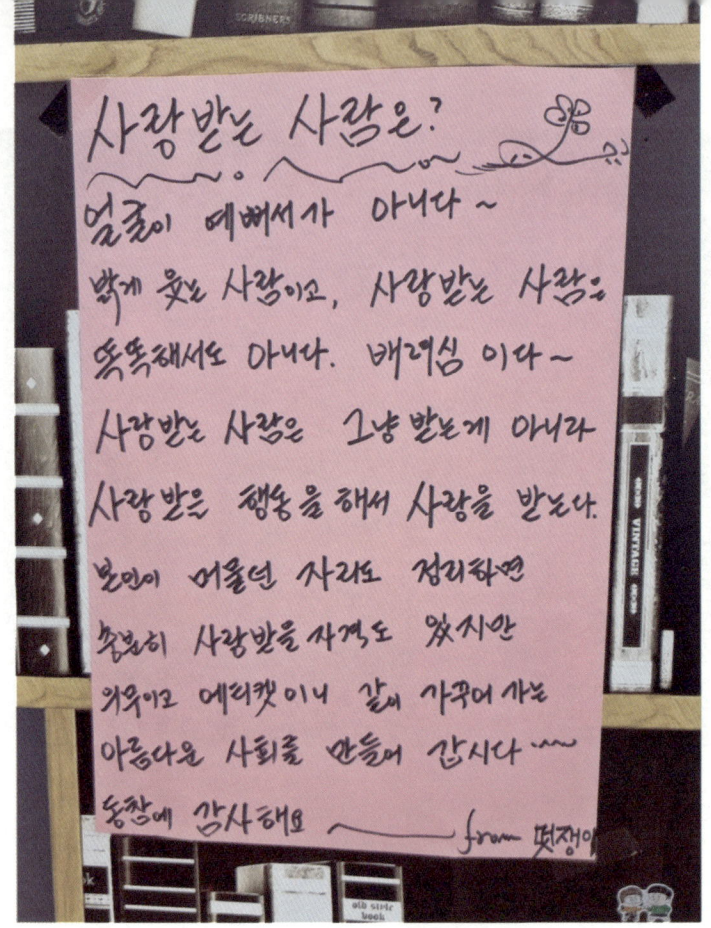

▲ 이마트24 삼례멋쟁이점 '사랑받는 사람은?'이라는 게시글

의 '모자를 쓴 여인' 그림이 오래된 목조건물과 묘하게 잘 어울렸다. 7월 29일부터 9월 25일까지 앙리 마티스 전시를 한다고 적혀있었다. 오늘이 7월 30일이니 어제부터 시작했겠구나. 유화 그림을 한참 쳐다보니 그림뿐만 아니라 건물 전체가 마치 한 폭의 그림 같았다. 모자를 쓴 아름다운 여인이 창고 건물에서 막 걸어와서 앞에 설 것만 같았다.

트랙 20 스탬프 함은 삼례역 앞 택시 승강장 벤치에 있었다. 벤치 옆에는 삼례읍 관광지를 양각으로 조각한 지도 동판이 있었다. 어떤 관광 지도보다 마을을 멋있게 보여주는 작품이다. '자세히 보아야 예쁘다'라는 시가 있지 않은가. 이 동판 지도를 보니 그 시구가 생각났다.

삼례역 자리에는 조선 시대에 전국을 거미줄처럼 연결한 교통 통신 기관인 역참이 있었는데, 전라도에서 가장 규모가 컸다고 한다. 1894년 동학농민혁명군은 반봉건, 반외세의 기치를 내걸고 삼례역 자리에서 집결해서 진격했다. 1914년에 일제강점기에는 쌀 수탈을 위해 기차역인 삼례역이 최초로 개통되었고, 1997년 신역사가 지어지면서 구역사는 문화역사 공간으로 바뀌었다.

▲ 삼례역 앞 동판 지도, 앞쪽에 비비정이 보인다.

삼례역 뒤로 비비정길은 포장 공사가 한창이었다. 자갈을 튕기며 도로를 건너 삼례교로 갔다. 삼례교 못 미쳐 완주 8경의 하나인 비비정으로 가는 갈림길이 나왔다. 표지판을 보며 '비비정'으로 갈까 말까 고민을 했는데 핸들을 잡은 내 손도 같이 고민을 했나 보다. 핸들이 갈지자로 요동을 치다가 결국 넘어졌다. 무거운 짐 때문에 넘어질 때도 요령이 필요하다. 자전거가 쓰러질 때 중심을 잡으려고 애를 쓰면 말 그대로 다친다. 손목이며 어깨에 무리가 가고, 다리에는 영광의 상처가 나기도 했다. 몇 번을 그렇게 하다가 넘어질 바

삼례문화예술촌 내부

에는 차라리 잘 넘어지기로 했다. 낙법이라고 할까. 이번에는 억지로 버티려고 하지 않고 짐 있는 방향으로 그냥 쓰러졌다. 그나마 잘 넘어졌는데 문제가 생겼다. 안장이 충격을 받아서 많이 돌아갔다. 다시 돌려놓기는 했지만, 경사각이 잘 안 맞는지 가시덤불에 앉은 것처럼 계속 불편했다. 야영지에서 손을 보기로 하고 비비정은 패스하고 만경강을 가로지르는 삼례교를 넘어서 전주천을 따라서 시내로 진격해 들어갔다.

난중일기

4월 22일[임오]

맑음. 낮에는 삼례역(완주) 지방관의 집에 가고 저녁에는 전주 남문 밖 이의신(李義臣)의 집에서 묵었다. 판관 박근(朴勤)이 와서 만났고 부윤(박경신)도 후하게 대접해 주었다. 판관이 유둔(기름종이)과 생강 등을 보내왔다.

백의종군로 자전거 순례 6-2일
전주, 새벽의 빗방울 떨어지는 소리

도보 여행자들에게
진한 동지애 느껴

🚲 백의종군로 자전거 순례 **6-2일** 〉 전주, 새벽의 빗방울 떨어지는 소리

도보 여행자들에게 진한 동지애 느껴

녹음 가득한 만경천 위로 수문장처럼 높고 뾰족한 철탑 고압선이 시내로 흘러 들어가고 있었다. 백의종군로는 전주천을 따라 내려가다가 전주의 핫 플레이스인 중앙동, 풍남동을 가로질러 긴다. 천변의 인도 공용 자전거길이 이따금 막혀 있어서 차량이 많은 차도로 나와서 다시 달리곤 했다.

전주시는 전라북도 제1의 도시이다. 인구는 65만여 명이고, 2구 35 행정동이 있다. 서기 900년 후백제의 수도였으며, 고려시대와 조선 시대에도 전라도의 중심도시였다. 한옥마을, 한지, 비빔밥, 막걸리 등 한국적인 도시 이미지로 해외에도 널리 알려져 있고, 근래에는 전통과 현대적 문화예술이 잘 어우러진 한국의 대표적인 관광도시이다.

▲ 만경천 철탑

물길이 상천과 전주천으로 갈라지는 곳에서 물길을 벗어났다. 점심을 먹고 자전거 튜브를 사야 한다. 서산동으로 건너가는 길이 복잡해서 이리저리 헤맸다. 점심을 먹고 있는 식당 창밖 하늘에는 어느새 먹구름이 가득 찼다. 충전을 위해 맡겨놓은 스마트폰을 보니 배터리가 거의 제 자리였다. 매일 저녁 몸의 에너지가 바닥나곤 했는데 스마트폰도 그랬다. 그나마 몸은 편하지 않은 잠자리라도 밤에 충전했건만 스마트폰은 충전할 곳이 없었다. 가끔 텐트 안에서 스마트폰을 켜고 글을 끄적거려보지만, 곧 배터리 경고등이 켜졌다.

서산동 자전거 가게에 도착하니, 하늘에서 실비를 뿌리기 시작했다. 올라가지 않던 뒷바퀴 기어는 케이블이 늘어져서 그렇다고 했다. 일단 응급조치를 하고, 튜브 1개를 사서 비가 살포시 내리는 거리에 나왔다. 옆에 있는 로스터리 커피가게를 찾아갔다. 커피집 이름은 '로스터리마노'

▲ 전주 '로스터리마노 카페'의 아이스 필터커피

이다. 가게 구석에서 필터 커피를 마시며 몸과 마음을 충천했다. 빗방울은 그 사이 더 거세져 주룩주룩 내렸다. 자전거에서 우비를 꺼내 입고 있는데, 주인 아저씨가 나와서 손을 흔들며 격려해주었다.

전주천 변의 좁고 불편했던 길은 중앙동에서 편해졌다. 풍남문 광장에는 행사 부스가 펼쳐져 있었고, 사람들이 웅성거렸다. 그동안 코로나19로 모이지 못했는데, 오랜만에 거리가 사람들의 활기로 가득 찼다. 풍남문은 옛 전주읍성의 남쪽 성문으로 전주시에 유일하게 남은 성문이다. 장군은 남문 밖에서 자고 성안에는 들어가지 않았다. GS25 편의점에서 트랙 21 스탬프를 찍고 옆에 있는 찐빵집인 '남문 먹거리'에 들어갔다. 아주 오래된 노포다. 주인 할머니에게 물어보니 풍남문 주위에서만 가게를 한 지 수십 년은 되었다고 한다. 찐빵을 먹고 싶었지만 다 팔렸다고 해서 찹쌀 도넛을 몇 개를 샀다.

"할머니, 요새 장사는 어떠세요?"

"아녀, 말도 마, 코로나 전에는 이 동네가 인산인해였는데, 지금은 10분의 1 정도로 줄었나 봐."

"많이 줄었네요."

"언제 좋아질지 걱정이야."

"할머니, 이제 코로나도 끝나고 좋아질 거예요. 건강하시고, 오래오래 장사 잘하세요!"

가게 밖에 풍남문 주변은 옛 거리의 정취가 물씬 풍겼다. 풍남문을 둘러싸고 골목마다 다양한 업종의 가게가 빼곡했다. 남부시장은 마치 풍물시장 같은 느낌이었다. 시장이며, 문화유적이며, 오가는 사람들이며 모두 풍성한 이야기가 가득한 듯했다. 여유가 있는 여행이었다면 얼마간 이곳에 머물러도 좋았으리라. 아쉬움을 남기고, 싸전다리를 건너 전주천을 따라 난 서학로에 들어갔다. 이곳에 전주교육대학교가 있어서인지 바닥 돌이 예쁘게 깔린 한글거리가 있었다. 짧은 길이지만 매력이 있었다. 길에 커피가게가 보였다. 옆 간판에 '광커피 로스터리'란 글자가 깔끔하고 왠지 보기 좋았다. 로스터리라,

낮에 커피를 이미 한잔했으나 또 목이 말랐다. 오후 5시가 넘었지만 참을 수 없는 유혹이다. 시원한 핸드드립 커피 한잔 먹고 가자.

가게는 간판 느낌처럼 인테리어와 소품이 깔끔하고 감각적이었다. 바리스타 소개 프로필을 보니 여러 커피

▲ 전주 '광 커피' 내부

대회에서 수상도 하고, 한국커피 심판관 자격 등 경력이 화려했다. 페루 아그나시오 원두커피를 주문했다. 향미가 좋은 커피다. 첫맛과 뒷맛 모두 좋았다.

바리스타와 이야기하다 보니, 서울 양천구 아타락시아 커피 사장님과도 아는 사이다. 한 다리 건너 아는 사람을 만나니 그도 인연이고 더 반갑다. 아타락시아 사장님에게 백의종군로 자전거 여행을 간다고 이야기한 것이 생각나서, 내 말이 거짓이 아니라는 것을 입증해줄 증인이 생겨서 좋다고 했더니 웃는다. 나도 웃었다. 커피도 맛있고 이야기도 좋았다.

▲ '광 커피' 로스터리 아이스 필터커피

전주천이 만나는 곳에서부터 천변 소로를 따라 내려갔는데 도로 상태가 좋지 않고 중간에 막힌 곳도 있었다. 월암교에서 전주천을 건너서 상관면을 지나 전주천을 따라서 계속 갔다. 북치교에서 우측으로 꺾어져 춘향로로 들어갔는데, 북치교 못 미쳐 문을 닫은 큰 온천시설을 만났다. 수백 대의 차가 들어갈 만한 넓은 주차장은 휑하니 비어있고, 거미줄이 쳐진 것 같은 건물 네다섯 동만이 덩그러니 있었다. 주위엔 인적도 없고, 쓰레기며, 쓰러진 나무며, 떨어진 간판이며, 곳곳이 파인 주차장 바닥이 을씨년스러웠다.

▼ 으스스한 폐온천 지구

죽립온천지구는 1990년대에는 죽립온천역이 운행될 정도로 꽤 유명한 온천지구였는데, 2008년 부도가 나면서 방치가 되었다. 온천지구의 경우 다른 시설로 용도를 바꿀 수가 없어서 15여 년 가까이 방치된 상태로 있어서 지역의 흉물이 되어가고 있었다.

주차장 끝에 모텔 건물이 있었는데 그 앞을 지날 때부터 비가 한두 방울 떨어졌다. 누렇게 색바랜 모텔 건물이 마치 폐 성에 살다가 밤에만 관에서 나온다는 드라큘라 성같이 보여 오싹했다. 얼른 지나가자. 좁고 우거진 수풀 길은 빠르게 달렸다. 벌써, 오후 7시, 어둠이 땅에서 스멀스멀 기어 올라오기 시작했다. 북치리에서 강은 크게 돌아내려 가는데, 넓은 들판에 여러 갈래 길이 나 있어서 이리저리 헤매다가 17번 국도 춘향로를 겨우 찾아 들어갔다. 춘향로는 임실읍을 거쳐 남원시까지 나 있는 외길 국도로 남원시의 마스코트인 춘향 이름을 딴 도로명이다. 춘향전의 주인공인 춘향이는 아름다운 소녀였다. 그런데 춘향이 이름을 딴 춘향로는 전혀 예쁘지 않았다.

▲ 갓길 없는 춘향로 오르막

오늘은 별일 없이 지나가는가 했는데, 역시나 쉽게 넘어가는 법이 없다. 트랙 22 스탬프가 있는 슬치고개에 올라가는 길은 입에 단내가 날 정도로 힘들었다. 차들이 과속하는 도로변에 '과속사고 다발지역' 이라는 팻말이 계속 붙어있는데 갓길이 없었다. 긴 오르막도 힘들었지만 더 힘들었던 건 자전거 기어 문제였다. 뒷 기어가 저단으로 내려가지 않았다. 게다가 비비정 앞 갈림길에서 넘어져서 대충 맞춰놓은 안장이 마치 가시방석에 앉은 것처럼 불편했다. 이런 길을 걸어갔을 도보 여행자들이 갑자기 생각났다. 동지애라고 할까.

▲ 슬치고개 백산식당

헤드핀 고갯마루에 겨우 올라와서 길 건너 주유소 백산식당에 있는 트랙 22 스탬프를 찍고 다시 건너오니 주위가 완전히 깜깜해졌다. 기운이 완전히 빠졌다. 슬치고개 아래 관촌면 마을까지 내리막을 빠르게 내려갔다.

이크, 마을로 들어갈 때 큰 사고가 날 뻔했다. 마을로 건너가는 횡단보도 좀 못 미쳐서 바쁜 마음에 중앙선을 넘어가다가 반대 차선에서 달려오는 차량과 충돌할 뻔했다. 날카로운 경적 소리에 화들짝 정신이 들었다. 가슴을 쓸어내렸다. 야간에 거리 감각도 둔해지고, 집중력도 바닥에 떨어졌다.

미리 봐둔 관촌초등학교로 올라갔다. 학교 교사와 부속 시설 사이의 정원에 나무 데크가 있었는데 제법 운치가 있었다. 데크 뒤에는 물길 좌우로 화초

▲ 백의종군로 사이클링 막간을 이용해 허기 채우는 떡 한 개의 가치

를 심었다. 사위는 조용하고 밤의 고요함이 주위에 내려앉았다. 둥글고 기다란 데크 의자에 앉아서 먹구름이 낀 하늘을 바라보았다. 구름 사이사이에 별들이 간간이 빛났다.

 오늘의 반성, 늦더라도 돌다리도 두드리듯 안전하게 가자. 마지막 스탬프까지 꼭 찍을 것이다. 많이 늦었다. 잘 쉬자. 굴렁이도 잘 쉬어라, 내일부터 본격적인 비 소식이다. 지난 6일간의 열 지옥이 끝나는 건 좋지만 물지옥이 되지 않기를.

 어스름 새벽. 툭. 툭. 텐트 플라이에 비 떨어지는 소리에 눈을 떴다.

▲ 새벽, 툭 툭 빗방울이 내리고

난중일기

4월 23일[계미]

맑음. 일찍 출발하여 오원역(임실 관촌)에 도착하여 역관에서 말을 쉬게 하고 아침밥을 먹었다. 얼마 후 도사가 왔다. 저물녘 임실현으로 들어가니 현감이 예를 갖추어 대접했다. 현감은 홍순각(洪純慤)이다.

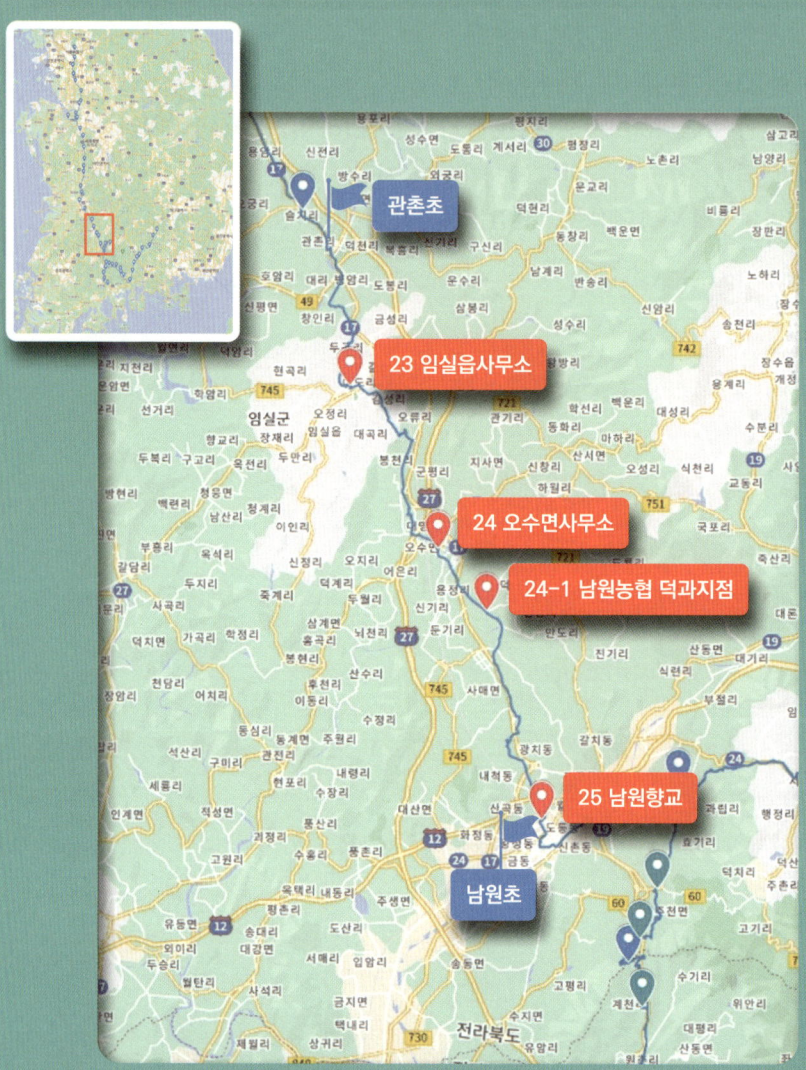

백의종군로 자전거 순례 7일
남원, 뒷밤재에서 베롱꽃비에 젖다

좋은 사연에는
생명력이 깃들어 있다

(관촌초) ▶ 임실읍사무소 ▶ 오수면사무소 ▶ 남원농협 덕과지점 ▶ 남원향교 ▶ (남원초)

7.31(일)

- 시간 12 : 30h
- 거리 39.9km
- 트랙 23, 24, 24-1, 25
- 날씨 비(39.3mm)
- 기온 27.7~23.7 ̊C
- 야영 남원초등학교

백의종군로 자전거 순례 7일 남원, 뒷밤재에서 베롱꽃비에 젖다

좋은 사연에는 생명력이 깃들어 있다

연결통로 지붕 아래로 텐트를 옮겨놓고 짐을 꾸렸다. 하늘엔 어디선가 먹장구름이 몰려왔다. 태풍이 온다는 이야기를 얼핏 들은 것 같기도 했다.

그래, 오늘은 폭풍 속으로 가보자.

임실읍은 군청 소재지가 있는 곳이다. 면적은 597㎢로 서울시 면적보다 조금 작은데, 인구는 26,730명 밖에 안된다. 그중 65세 이상 노인인구가 10.228명이다. 남쪽의 다른 지역처럼 이곳도 인구가 지속적으로 줄어드는 인구 소멸 우려 지역이다. 임실의 지명은 고대 백제, 신라시대까지 이어지는데, 우리말로 '사랑스러운 사람이 사는 마을' 정도의 뜻이다. 좋은 이름이다. 행정 구역은 1읍 11면이고, 백의종군로가 지나가는 관촌면, 임실읍, 오수면 이외에는 대부분 지형이 산지이다. 지역 경제는 낙농산업이 발달했다. 관광지는 임실치즈 테마파크, 섬진강 사선대가 있고, 서쪽으로 섬진강댐이 있는 옥정호가 있다.

임실읍을 향해 길이 휘뚤휘뚤(길 따위가 이리저리 구부러져 있는 모양) 펼쳐졌다. 오르막이 심한 곳에서는 자전거를 밀었다. 춘향로에서 호반로로 들어가는 갈림길에 가스 충전소가 있었는데, 녹슨 빗물받이를 넘어가는 순간 펑크가 났다. 바로 옆에 빈 건물이 있어서 자전거를 처마 아래로 끌고 갔다. 새 튜브에 바람을 넣고 있는데 튜브 밸브 끝에 매달려있어야 할 핀이 보이지 않았다. 이런 황당할 때가, 밸브 꼭지가 어디론가 날아갔다. 튜브는 더 없는데 비는 내리고, 몸은 푹 젖었

▲ 백의종군로 사이클링 순례 7일 차에 그만 튜브 밸브 꼭지가 사라지고 자전거 바퀴에 펑크가 나고 말았다.

고, 시간은 점점 가고, 임실읍은 아직 멀고, 핸드폰 배터리는 10% 남았고……

바닥에 쭈그리고 앉아 맥없이 비 내리는 바닥만 쳐다보았다. 가끔 지나가는 차에서 빗물이 튕겨서 날라왔다. 임실읍에 자전거 가게를 찾아서 겨우 통화가 되었는데, "오늘은 쉬는 날"이라고 하신다. 그러고 보니 그날이 일요일이었다. 다른 방법이 없었다. 부탁하는 수밖에. 고단한 자전거 여행자의 사정이 딱해 보였는지 사장님이 출장을 와주셨다. 집에서 오신 모양이신지 공구가 없어서 임실읍 운수로 입구 삼거리에 있는 가게에 갔다. 튜브를 교체하고 테스트를 했는데 이번에는 앞바퀴에서 뭔가 심하게 걸리는 소리가 났다. 처음 듣는 소리였다. 앞바퀴 디스크브레이크에서 '그르륵' 거리는 소리가 계속

났다. 디스크브레이크 로터가 많이 휘어 있었다.

언제 휘었을까. 사장님이 한참 동안 로터를 펴 보다가 더 안 되겠다며 살살 다니다가 큰 도시에서 수리하라고 하신다. 소음은 조금 줄었으나 브레이크 잡을 때마다 불규칙한 진동이 손에 전해졌다. 더 어찌해볼 방법이 없어서 출발하려고 하는데 주춤하던 비가 하늘을 덮은 것처럼 장대비로 바뀌었다. 우비를 꺼내 입으려는데 가방에 있어야 할 우비가 보이지 않았다. 펑크가 났던 충전소에 놓고 온 거였다. 사장님께서 먼저 차로 다녀오자고 했다. 다회용 우비여서 염치불구하고 차를 얻어탔다.

차 안에서 사장님과 이런저런 이야기를 나누며 갔다. 사장님은 인천에서 자전거 가게를 오래 하시다가 전주를 거쳐 마지막으로 연고가 있는 이곳까지 왔다고 했다. 몸이 안 좋아서 자전거 가게를 곧 접으려고 하신다고 했다. 우비를 찾아 가게에 와서 사장님에게 오래오래 건강하시도록 인사를 했다. 빗속으로 떠나는 나를 보는 눈길이 정답게 느껴졌다.

사장님께 점심 식당으로 추천받은 임실 전통시장에 있는 도봉순댓국집에 갔다. 동네 맛집인지 사람이 많았다. 가게 안에서 순댓국을 만드는 아주머니들과 동네 사람들의 이야기를 듣는 것도 또 다른 맛이다. 순댓국밥 한 그릇을 뚝딱 하고 나서 시장 안에 있는 평상에 걸터앉았다.

▲ 임실읍 도봉순대국집의 순댓국

시장 천장에 비 내리는 소리가 폭포 소리처럼 요란했다.

어떻게 해야 할까. 이 빗속을 과연 달릴 수 있을까, 그냥 하루 여기서 숙박을 할까, 계속 갈까.

철의 장막을 친 것 같은 비를 보며 어느 순간 의지가 꺾였다. 이른 시간이지만 근처 숙박업소를 찾아봤다. 임실에 있는 숙박업소 5개를 찾았는데 그나마 대부분 만실이었다. 겨우 한 곳에 자리가 있다고 했다. 일단 커피 한잔하고 결정하기로 하고 임실천 다리를 건너 커피가게로 갔다. 기대했던 필터 커피가 없어서 라떼를 들고 가게 처마 아래 나무 의자에 앉았다. 내리는 비에 시계 종처럼 왔다 갔다 하는 마음, 먼 산이 빗속에 흐려졌다. 어느 순간 구름이 지나가는지 희미한 구름 속에 갇혀

▲ 우중에 임실의 한 카페에서의 따스한 카페라떼

서 길이 보이지 않았다. 허공에 손을 이리저리 내젓다가 정신이 들었다. 잠시 꾸벅 졸았나 보다. 눈을 떴을 때 나도 모르게 마음이 정해져 있었다. 그래, 나는 처음부터 끝까지 길 위에서 있을 것이다. 낯선 잠자리의 불안감과 불편함, 그 수고를 과연 할 만한 가치가 있을까. 사람마다 다 다를 것이다. 나는 선택했을 뿐이다. 마음이 정해지니, 더는 헛갈리지 않았다.

빗속으로 출발했다. 트랙 23 스탬프가 있어야 할 임실읍사무소는 신축 공사가 한창이었다. 임시로 사용하는 읍사무소 건물도 가보지만 스탬프가 보

이지 않았다. 빗속에서 임실 거리를 일없이 왔다 갔다 했다. 임실읍을 벗어날 즘 비가 약해졌다.

　감천로는 임실읍 감성리에서 오수면까지 이어지는데 말치재를 넘어갔다. 말치재에는 이상하게 사람도 차도 전혀 보이지 않았다. 비는 내리고 있었지만 길이 호젓해서 오래간만에 고요함을 즐기며 올라갔다. 하지만 이곳이 왜 이렇게 조용한지 곧 알게 되었다. 오르막 중간부터 공사 표시 현수막과 임시 포장한 길이 보이더니 급기야 고갯마루에 못 미치어 이곳저곳 도로가 파헤쳐져 있었다. 말치재 고갯마루에서 백의종군로는 산길로 가지만 도보 여행기에 산속에서 헤매다가 돌아 나왔다는 이야기도 있어서 빗속에 더 갈 수 없었다.

　말치재를 넘어 다시 봉천로를 만나기 전까지는 비포장 임도였다. 빗물이 고인 흙길을 보니 지난번에 넘어온 태화사 임도가 생각났다. 그래도 그때보다는 형편이 낫기는 했다. 길도 짧고 마음에 여유도 있었다. 비는 고무줄을 당겼다 놓았다 하는 것처럼 강약을 반복했다. 우비 덕분에 상체가 많이 젖지는 않았다. 고요한 임도에서 또 노래를 흥얼거렸다.

　오수면 마을에 도착했다. '오수(獒樹)'란 이름은 '은혜 갚는 개'란 뜻이다. 오수면에는 개 공원인 '오수의 견' 공원이 있고 개 동상도 있었다. 한국에서 개를 기리는 공원과 동상을 만들고 마을 이름으로 사용하는 곳은 아마 이곳이 유일할 것이다. 아담한 오수면사무소 게시판에서 있는 트랙 24 스탬프를 찍었다. 옆에는 '오수의 견'에 대한 설명이 나와 있었다.

의로운 오수의 개 이야기

"지금으로부터 1천여 년 전, 거령현(지사면 영천리)에 김개인이라는 사람이 살고 있었다. 그는 개 한 마리를 길렀는데 매우 사랑하였다. 어느 날 외출을 하는데 개도 따라나섰다. 개인이 술에 취해서 길바닥에 누워 잠이 들었는데 들불이 일어나 개인의 몸 가까이 까지 번저오게 되었다. 이것을 보고 있던, 충성스러운 개는 곧 앞에 있는 냇가에 들어가 몸을 물에 적시에 불 주변을 빙빙 돌면서 골이 물에 젖게 이 짓을 반복하여 불길을 막고는 힘이 빠져 지쳐서 죽었다. 잠에서 깨어난 개인은 개의 모양을 보고 슬프게 여겨 노래(견분곡)를 지어 이 슬픈 정을 쓰고 무덤을 만들어 장사를 지내주고 지팡이를 꽂아 주었다. 그런데 얼마 후 지팡이에 잎이 피고 큰 수목의 나무가 되었는데, 이로부터 이 지명을 개오(獒) 나무수(樹) 두 글자를 써 오수(獒樹)라 하였다." – 최자의 보한집 내용 중에서 –

보한집은 고려시대 문인인 최자가 1254년에 쓴 문학비평서이다. 그때부터 1,000년 전이면 백제시대인 서기 254년이다. 참 오래된 이야기이다. 좋은 사연에는 생명력이 있다는 것을 오수면에서 다시 느꼈다.

오수면 마을을 벗어나기 전에 편의점에서 생수를 샀다. 편의점 맞은편 낮은 건물엔 색바랜 섀시(chassis: 자동차 따위의 차대·車臺) 가게와 가구 할인점이 있었다. 누렁이 한 마리가 빗속을 총총거리며 뛰어갔다. 짐가방을 열어서 간이 소형 탁자를 꺼냈다. 여행 첫날 다리 아래에서 한번 편 이후로 사용하지 않은 신상이다. 여태까지 갖고 왔지만 사용할 일이 없었다. 짐을 비워야 한다. 비워야 산다. 편의점으로 다시 들어갔다. 종업원에게 탁자를 꺼내 보여주니 싫어하지는 않는 눈치다. 다행이다. 가방에 빈자리만큼 마음이 찼다.

덕과면 덕오로로 접어들었다. 이곳부터는 남원시였다. 벡의종군로는 덕과면, 사매면, 남원 시내, 이백면, 운봉읍을 갔다가 다시 이백면, 송동면을 거쳐 순천으로 간다.

남원시는 지리산 권역에 있는 임실군, 순창군, 구례군, 산청군, 하동군 등 여러 군들의 중심지역이라고 할 수 있다. 인구는 78,474명이고, 최근에는 인구 감소 폭이 줄었다. 면적은 752제곱km이다. 남한 육지에서 가장 높은 산인 지리산(1,915미터)를 품은 관광도시이고, 춘향과 이도령의 사랑 이야기가 있는 광한루가 유명하다. 고대 신라시대인 685년 지방 직할지인 남원경이 설치되었고, 조선 시대에는 남원도호부가 설치되어 주변 지역을 관할하였다. 경상도와 전라도의 육로와 강을 잇는 중요 지역으로 1592년 임진왜란과 1997년 정유재란 때 왜군과 치열한 전투가 벌어졌던 곳이다. 남원에는 천재 시인 김시습의 한문 소설인 금오신화의 만복사저포기에서 나오는 사찰인 만복사가 있고, 일제강점기 몰락하는 양반의 이야기를 다룬 소설 혼불의 사매면 노봉마을이 있는 등 여러 문학작품의 배경이 되기도 했다. 춘향제가 열리는 매년 음력 4월에 도시는 온통 축제분위기이다.

덕과면에 있는 남원농협 덕과지점에서 트랙 24-1 스탬프를 찍고 덕오로로 갔다. 덕오로는 4차선인데 갓길이 넓고 깨끗해서 주행하기에 좋았다. 이름처럼 넉넉한 도로였다. 덕오로의 끝에서 국도 17번 춘향로를 다시 만났다. 남원에 들어가는 대표 도로인 춘향로이지만 지난번 슬치고개 기억이 생생해서 우회로를 찾아봤지만 다른 길이 없었다. 그냥 가는 수밖에, 그런데 춘향로에 생각지도 않은 자전거 도로가 있었다. 역시나 남원은 달랐다. 춘향터널 바로 전에 뒷밤재 갈림길이 나왔다. 뒷밤재는 춘향터널이 생기기 전에 남원으로 넘어가던 고개였다.

고갯길 입구부터 백일홍이 나그네를 맞아주었다. 비에 젖은 배롱나무의 꽃잎이 하늘과 땅을 붉게 물들였다. 배롱나무는 여름꽃이다. 붉은 꽃이 100일 동안 피고 져서 백일홍이라고도 부른다. 여기서 배롱나무꽃을 보다니. 뒷밤재 꽃길은 참 아름다웠다. 바람처럼 손을 흔들며 꽃을 희롱하면서 갔다. 말 그대로 꽃비가 내리는 길에서 깜짝 선물을 받은 아이처럼 즐거웠다. 남원으로 달려갔다.

뒷밤재 끄트머리에서 황폐한 대학교가 나왔다. 2018년에 폐교한 서남대학교였다. 1990년대 초 설립된 서남대학교는 한때 남원시의 활력소였지만 2010년 전후로 사학비리와 재정난, 학생 수 감소로 결국 폐교했다. 대학교의 폐교로 지역 상권이 침체되고, 남원시 인구 감소에도 영향을 주었다. 지방의 쇠퇴를 보여주는 상징적인 지표 중 하나가 바로 대학의 감소이다. 1990년대에는 비 온 뒤 새싹이 돋아나듯 우후죽순 생겨나던 지방 대학들도 서남대학교와 같이 폐교의 위험에 처한 곳이 많다. 재정난, 학생 수 감소 등이 공통적인 원인이다. 비에 젖은 서남대학교 캠퍼스는 차갑게 가라앉아 있었다.

남원 충렬사를 거쳐 트랙 25 스탬프가 있는 남원향교 앞에 도착했다. 향교는 고려시대부터 있었던 지방의 교육기관인데, 성현의 제사와 백성을 교육하는 기관이었다. 남원향교는 1407년에 창건되었고, 1597년 정유재란 때 소실되었다가 1599년부터 재건되었다. 잠잠하던 빗줄기 다시 거세졌다. 자전거 바퀴가 우물에서 물을 긷듯이 도로의 물을 퍼 올려 하늘에 흩뿌렸다. 빗속을 질주해 남원시에 도착했는데 식사할 곳이 마땅치가 않았다. 대부분 2인분이 최소주문 단위였다. 식당을 찾아다니다가 시청 옆에 있는 24시 뼈다귀 해장국집에 들어갔다. 안에는 사람들이 많았다. 구석 창가에 자리가 나서 오랜만에 저녁다운 저녁을 먹었다. 뼈다귀에 고기가 많고, 우거지와 국물도 맛났다. 동네 맛집이었다. 배를 두드리며 가게 옆 창고에 세워둔 자전거를 꺼내고 있는데 주인아저씨가 식재료를 옮기고 있었다. 아저씨는 이곳에서 장사한 지 30여 년이 넘었다고 했다. 손님 중에는 체인점을 내라고 권하는 사람도 있었으나 그 정도에 만족한다며 미소를 짓는다. 사장님의 이런 마음가짐이 장수하는 가게의 비결이겠지.

오늘의 보금자리는 남원중앙초등학교로 정했다. 본관 뒤 연결통로에 텐트를 편 후 무릎 상처에 붙일 거즈를 사러 약국에 갔다. 비가 내려서 인지 오후 7시도 안 됐는데 하늘은 깊은 밤처럼 어두웠다. 시내에는 약국뿐만 아니라 문을 연 가게가 거의 없었다. 버스터미널 근처에는 약국이 아직 문을 열었을 거라는 말을 듣고 가보니 백제약국의 문이 열려있었다. 약사가 여러 명 있는 대형 약국이다.

약국 문을 열고 나오는데 양동이로 물을 퍼붓듯 비가 쏟아졌다. 머리를 들고 있기 어려울 정도로 쏟아지는 빗속에서 길을 잃고 다른 초등학교에 들어갔다. 물에 빠진 생쥐가 되어 겨우 보금자리로 돌아왔는데 바람이 세차게 불기 시작했다. 텐트 플라이를 고정해놓고 젖은 몸 그대로 텐트에 들어갔다. 물방울이 매트 위에 뚝 뚝 떨어졌다. 그래도 나만의 공간에 들어오니 좋았다. 계속되는 비에 옷이 마르지 않아서 갈아입을 옷이 없었다. 그냥 젖은 속옷 하

비 오는 날 남원으로 넘어가는 고갯길 '뒷밤재'길 양옆으로 배롱나무꽃(백일홍)이 흐드러지게 피어 있다.

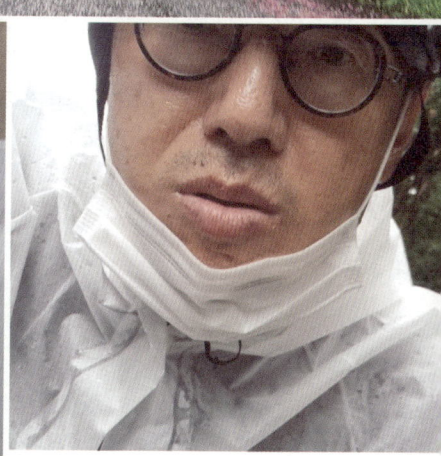

나만 입고 누웠다. 비에 젖거나 땀에 젖거나 몸이 젖어있는 건 매한가지다. 세찬 바람 소리 때문인지 꿉꿉한 느낌은 조금 덜한 듯도 했다.

텐트 안에서의 시간은 텐트 밖에서보다 빠르게 갔다. 옴니암니(아주 자질구레한 것) 하며 시간을 보내다 보면 다른 무엇을 할 시간도 여력도 없다. 어려운 탐험을 하면서도 기록을 남긴 위대한 탐험가들이 생각났다. 남극탐험대 로버트 스콧은 극한의 탐험 중에 죽었지만, 마지막 순간까지 기록을 남겼다. 참 대단한 사람이라는 생각이 새삼 들었다. 글을 쓰려고 했으나 스르르 눈이 감겼다.

지금 내가 가는 백의종군로도 충무공이 기록을 남겨서 알게 된 것 아닌가, 장군도 고된 여정에서 글을 쓰는 것이 쉽지는 않았을 거다. 장군은 왜 일기를 적었을까, 누구에게 보여주려고, 기억을 남기기 위해서, 이유가 뭐든 훗날 후세들이 장군의 기록을 읽고 있다는 것을 생각하면 참 기묘한 일이다. 나도 이 길 위에서 장군의 글을 읽고 있지 않은가.

밖은 비바람이 요란한데, 텐트 안은 아늑하기만 했다. 강물 건너 불구경이다. 눈을 감았다. 내일은 비가 적게 오기를.

난중일기

4월 24일[갑신]

맑음. 일찍 출발하여 남원에 이르렀는데, 고을에서 15리쯤 되는 곳에서 정철(丁哲) 등을 만났다. 남원부 5리 안까지 이르러서 내가 가는 것을 전송하였고, 나는 곧장 십리 밖의 동쪽 이희경의 종 집으로 갔다. 애통한 심정을 어찌하리오.

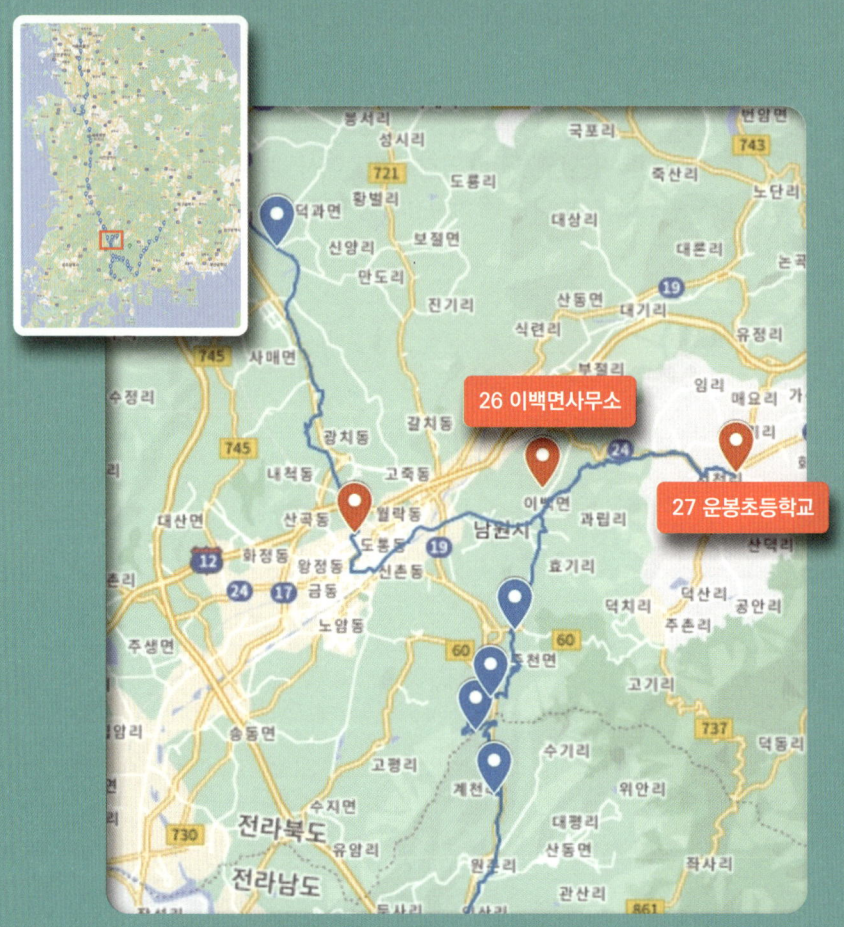

백의종군로 자전거 순례 **8**일
운봉·여원재에서 길을 잃다

천국(天國)을 오르는 게
이런 느낌일까

(남원초) ▶ 이백면사무소 ▶ 여원제
▶ (운봉초등학교)

8.1(월)

- 🕐 시간 9:30h
- 📍 거리 20.3km
- 🚩 트랙 26, 27
- ☀ 날씨 비(22.8ml)
- 🌡 기온 29.5~24.7°C
- ⛺ 야영 운봉초등학교

백의종군로 자전거 순례 8일 운봉·여원재에서 길을 잃다
천국(天國)을 오르는 게 이런 느낌일까

8일째. 아침마다 일어나기가 점점 힘들어졌다. 비가 계속 내렸다. 빗방울이 고인 물에 동심원을 그렸다. 학교에서 무슨 행사가 있는지 일찍부터 사람들이 건물 안으로 들어갔다. 건물 로비에는 아이들이 만든 '우리 고장 남원의 과거 현재 미래'라는 주제의 미술 작품이 3층 단상에 전시되어 있었다. 그림·글·진흙으로 만든 작품들이었다. 하나하나가 마치 아이들 얼굴을 들여다보는 것처럼 재미있고 귀여웠다. 유명 미술관 구경하는 거 못지않았다.

"뗏목은 단단한 나무로 사람이나 물건을 옮기면 물에 떠요. 그리고 사람들이 탈 때는 그냥 탈 때도 있고 물건이 있으면 안고 탑니다."

"남원 중앙 초등학교, 우리 학교. 많은 학생이 열심히 공부하고 놀며 행복한 생활을 하는 곳이다."

"시청, 시청은 남원시에 관련된 업무를 하는 곳으로 우리 고장 사랑들이 편리한 생활을 할 수 있도록 도와주는 곳입니다."

"하늘을 나는 자동차, 하늘을 날아서 차 막힐 일이 없어요."

▼ 남원초등학교 학생 작품 전시물

남원 도통 주공아파트 앞길에 있는 '엔젤리너스' 카페에 들어갔다. 개인 커피집이 좋지만, 아침에 문을 연 곳이 없다. 허리가 많이 굽은 할머니가 카페 바닥을 닦고 있었다. 걷는 것도 힘들어 보이는 분인데 어찌하다 이곳에서 청소하고 계실까.

오늘은 이백면을 거쳐 운봉읍으로 가는 길에 산길도 있어서 스마트폰을 충분히 충전해 둬야 한다. 남원을 나가기 전에 손수건도 사야 한다. 어제 오후 빗속을 달리면서 목에 두른 손수건이 날아갔다.

밤에 젖은 몸을 닦을 것이 하나도 없어서 그냥 젖은 채로 잤다. 손수건이 계속 생각났다. 없어지고 나니 그제야 작은 것의 소중함을 새삼 깨닫게 된다, 하긴 손수건만 그럴까. 구례에 가기 전까지는 큰 도시가 없으니 여기서 구해서 가야 한다.

오늘 밤에 쓸 일기는 어떤 내용일까, 다행히도 오후에만 잠깐 비가 내린다는 예보다. 처음 며칠은 '불지옥'이었다면 다음 며칠은 '물 지옥'이었다. 오늘은 이도 저도 아닌 애매한 날씨이기를. 드디어 배터리 충전이 끝났다. 도통초등학교 지나 돈가스집에서 늦은 아침 식사를 하고 이백면 사무소로 출발했다.

이백면사무소로 가는 이백로는 완만한 오르막이었다. 넓은 도로에 차량은 적고 갓길은 넓어서 달리기가 좋았다. 이백면은 백암2교를 건너 안쪽에 있는 조그만 마을이다. 주변이 높은데 시야를 가리는 것이 없어서 시원하게 보이면서도 한편으론 휑한 느낌이 들기도 하는 곳이다. 트랙 26 스탬프는 이백면 사무소 현관 안에 있었다. 점심시간이어서 건물 안에는 불이 꺼져있었다. 스탬프를 찍고 있는데 안에서 직원 한 분이 나왔다. 내 몰골을 보더니 어디서 왔냐고 묻는다. 서울에서 자전거로 왔다고 하니 파이팅을 외쳐준다. 이백면에 관해 물어보니 본인도 오늘 발령이 나서 처음 왔다고, 나나 그분이나 오십보백보다.

▲ 이백면사무소 앞 충무공 이순신 백의종군로 안내표지판

이백로를 따라서 여원재 옛길로 올라갔다. 오늘은 산길로 갈 생각이다. 운봉으로 가는 길은 국도 24번 황산로로도 갈 수 있지만 백의종군로를 그대로 따라가고 싶은 마음에서였다. 산길 입구에는 충무공 이순신 백의종군로 팻말이 서 있었다. 비가 다시 날리기 시작했다. 오르막을 조금 올라가니 갈림길이 나왔다.

오른쪽은 아담원 수목원으로 가는 길이고 백의종군로는 왼쪽 양가저수지 위로 나 있다. 양가저수지 입구에 백의종군로 팻말과 안내문이 있다. 안내문의 내용을 보니 여원제 3km 구간이 다른 백의종군로 길과 달리 거의 원형에 가깝게 보존되어 있어서 이순신 장군의 고독한 발자취를 회

▲ 양가저수지 입구에 들어서 있는 백의종군로 팻말과 안내문

상해 보면서 걸어가 보라고 적혀있다.

"서울에서 출발한 장군은 경기도, 충청도, 전라북도 여산, 삼례, 전주, 임실을 거쳐 남쪽으로 향하는데 4월 24일부터 4월 25일까지 남원과 운봉에서 이틀을 머문 후 권율장군의 군진이 있는 경남 합천으로 향하게 된다. 전라도와 경상도를 잇는 도로망인 통도역(도통동) → 응령역(이백면 효기)을 지나 여원재를 넘어 운봉에 이르렀을 때 권율 장군이 순천에 있다는 소식을 접하고 순천으로 가기 위해 이 길로 되돌아와 순천을 지나 구례로 이동하게 된다. 대부분의 백의종군로가 개발로 인해 원형로를 찾아보기가 어려우니 이 구간(3㎞)은 원형에 가까운 길로 보존되고 있다. 다만 첫 입구는 저수지 축조로 수몰되면서 우회 변경되었을 것으로 추정된다. 이순신 장군의 고독한 발자취를 회상해 보면서 경건한 마음으로 함께 걸어보자."

양가저수지 주변 풍경

마음이 다시 뛰기 시작했다. 백의종군로 관련 도보 여행기를 보면 이 길에서 고생했다는 이야기가 너무 많았다. 길을 못 찾아서 헤매다가 되돌아오기도 하고 겨우 올라가서 파김치가 되었다는 바로 그 구간이다.

의지를 한 번 더 다졌다. 양가 저수지가 보이는 곳에 인증 사진 팻말이 있었다. 팻말 앞으로는 짧은 풀밭이 넓었다. 뭐, 이정도야. 풀밭 길을 따라가는데 길은 사라지고 풀밭이 정글처럼 바뀌었다. 희미하게 길처럼 보이는 방향으로 자전거를 밀고 가는데 키가 큰 풀들이 자전거 바퀴를 휘감고 놓아주지를 않았다. 풀숲에 갇히고 말았다. 풀에서 자전거를 빼내고 얼마 못 가서 다시 풀숲에 넘어졌다. 자전거 바퀴가 풀 속에서 보이지 않았다. 이 길이 맞나 싶었다. 자전거는 그렇더라도 사람은 다닐 수 있는 길이어야 하는 거 아닌가. 돌아가야 할까 하고 망설이고 있는데 안내문에서 봤던 말이 불현듯 다시 생각났다.

이 길이 백의종군로에 가장 원형에 가까운 길이니 고독을 느끼며 걸어보라던 말. 그래, 고독을 느껴보자. 조금 더 가보자. 하지만, 그때 돌아갔어야 했다.

조금 더 들어가자 경사가 심한 사면이 나타났다. 자전거를 아래에 두고 위에 길이 어떤지 보러 빈 몸으로 올라가는데 계속 미끄러졌다. 풀 아래가 물을 잔뜩 먹은 진흙밭이었다. 겨우 위에 올라가서 보니 좁긴 해도 길이 정글 같은 풀숲은 아니어서 갈 수도 있을 것 같았다. 5m도 안 되는 경사를 자전거를 밀고 올라가는데 두세 번은 미끄러진 것 같다.

"아이, 씨."

나도 모르게 이런 말이 튀어나왔다. 이렇게까지 하면서 여기를 가야 하나, 짐과 자전거를 분리해서 따로 끌어 올린 후 뒤를 돌아보니 양가저수지의 수면이 숲 사이로 잔잔했다.

휴, 이제 올라왔으니 고생 끝이겠지. 안도의 숨을 내쉬고 분리했던 짐을 자전거에 장착하고 앞으로 나아갔다.

처음에는 어찌어찌 갔는데 실같이 가는 흙길이 두세 번 무너져내려 계곡에 자전거와 함께 굴러떨어질 뻔한 위기일발의 순간을 간신히 모면하고 나서 다시 자전거에서 짐을 분리했다. 자전거를 먼저 끌어다 놓고 다시 돌아와서 짐을 들고 가기를 몇 번이나 했을까. 흙길을 겨우 벗어났는데 계곡물이 앞을 막아섰다. 건너야 하나 말아야 하나 망설이고 있는데 건너편에 반가운 인증 사진 팻말이 보였다.

건너가자. 그래 이제 다시 이런 길은 없겠지.

물이 조금 불은 계곡을 건넜다. 팻말 앞에서 억지웃음을 지으며 인증 사진을 찍었다.

그래, 앞으로는 괜찮을 거야.

자기 최면을 걸면서 계속 올라갔다. 다행히도 아래 안내판에 적혀있는 '고독한 발자취 어쩌지?'라고 하던 바로 그 길이 앞에 나타났다. 낙엽이 살짝 덮여 있는 풀밭이 부드럽게 앞에 펼쳐졌다.

오케이, 이젠 즐기면서 갈 일만 남았겠구나.

쾌재를 불렀다. 길 위에는 쓰러진 나무가 있기도 했는데 넘는 게 쉽지는 않았으나 재미도 있었다. 그때까지는 말이다.

자전거와 짐을 마치 역도 선수처럼 나무 위로 한 번에 넘기고 나서 자연스럽게 나무에 걸터앉으니 이순신 장군이 이 길에서 느꼈을 고독감이 그제야 느껴졌다. 바람도 불지 않고 고요하기만 한 길, 적막감 속에 가는 비가 숲에 스며들었다.

길은 왼쪽으로 꺾어지고 다시 작은 물길이 나타났다. 물길 건너에는 넓은 풀밭이 펼쳐져 있었다. 계곡을 건너가는데 바위 위에 번쩍거리는 것이 있어 보니 맥주캔 2개였다. 상태가 그리 오래돼 보이지는 않았다. 맥주캔을 보니 '이 길이 맞구나'라는 안도감이 들면서도 한편으로는 화가 났다.

이 깊은 산속에 저런 쓰레기를 버리는 사람은 도대체 어떤 사람들일까? 이곳에 답사를 온 사람들일까. 아니면 길을 잘못 든 사람들일까. 어떤 상황이었건 이런 곳에서 쓰레기를 버린 사람들은 환경 의식 부재를 떠나 이 길을 올 자격이 없는 사람들이다. 역사적 의미가 큰 이 길에서 어찌 이런 지각없는 행동을 할까.

쓰레기를 줍고 싶었지만, 내 코가 석 자라 일단 길을 찾아야 했다. 계곡을 건너서 넓은 풀밭을 조금 올라갔는데 흐리게나마 있던 길이 완전히 사라졌다. 오른쪽에는 '출입 금지'라는 팻말이 서 있었다. 길의 흐름을 보면 그 방향으로 올라가는 게 자연스러워 보였지만, 그곳은 사유지였다.

다시 위로 아래로 옆으로 사방의 길을 탐색해보지만, 길 같은 길은 보이지 않았다. 지도 경로를 보니 왼쪽 아래 좁은 길을 따라 위로 올라가는 길이 나 있었다. 아래로 다시 내려가서 찾아보니 반가운 백의종군로 리본이 나무에 매달려 흔들리고 있었다.

야호. 이제야 길을 찾았다. 다시 힘이 났다. 좁은 길을 겨우겨우 자전거를 끌고 가는데 얼마 가지 않아서 길이 또 사라졌다. 다시 정글 숲에 빠져버렸다. 길을 찾다가 어디선가 가시덩굴에 걸려 몸도 자전거도 꼼짝달싹할 수 없었다. 마치 거미줄에 걸린 불쌍한 곤충처럼. 몸에 잔뜩 생채기가 나고서야 겨우 덩굴을 빠져 나왔다.

자전거들 풀숲에 두고 길을 다시 탐색해보지만 길은 자신을 드러내지 않는다. 꼭꼭 숨어 있는 길. 내 키를 넘는 수풀의 바다에서 난파당해 나무 조각을 붙들고 있는 조난자의 심정이었다.

▲ ▶ 가파른 경사에다가 통행이 뜸해 언제부턴가 무성하게 자란 초목에 파묻힌 여원제을 힘겹게 오르다 그만 길을 잃어 우왕좌왕하다.

일단, 계곡으로 돌아가자. 그곳에서 다시 생각해보자.

하지만 돌아가는 길도 쉽지 않았다. 키를 넘는 수풀이 자전거 바퀴를 둘둘 말아서 꼼짝달싹하지 못하게 묶는다. 수풀을 풀고, 끊고, 뜯고, 밀고, 소리치고, 자전거를 끌어 올리다가 자빠지기도 여러 번. 겨우 다시 돌아온 계곡을 건너다가 신발이 물에 빠졌다. 머리끝부터 발끝까지 모두 젖었다. 맥주캔이 버려진 곳에서 다시 숨을 헐떡거리며 섰다. 내 안의 누군가가 나를 불렀다.

'지금 조난된 건가, 그럼 해결책은, 탈출하자, 굴렁이를 버리고 가야 하나?'

'안돼!'

'그러면 굴렁이를 데리고 갈 수 있어?'

'아니 굴렁이를 데리고는 온 길을 되돌아갈 수는 없어, 다시 계곡을 건너고 자빠지면서 수풀의 바다를 헤쳐 나갈 수 없어, 너무 위험해.'

'그럼, 어떻게 하자는 건데, 조난 신고를 할까,'

'아냐, 그건 너무 쪽팔려, 그리고 지금 내가 움직이지 못하는 것도 아니잖아.'

'그럼, 해결책이 뭔데?'

'굴렁이와 함께 갈 수 있는 탈출로를 찾자!'

'그곳이 어딘데?'

'가장 가까운 곳으로 탈출해야 해, 여기서 가장 가까운 곳은 수목원이야.'

'어떻게 가는데?'

'아까 본 출입 금지 팻말 있잖아, 그곳으로 올라가면 될 거야.'

'괜찮을까?'

'지금, 다른 방법이 없어, 시간이 많이 늦었어.'

다시 '출입 금지' 팻말이 있는 곳으로 올라갔다. 그 길에는 수풀 대신 돌무더기 밭이 있었다. 수풀의 바다가 나은지 돌밭이 더 나은 건지 알 수 없었다. 굴렁이가 계속 이상한 소리를 냈다. 굴렁이도 나와 같이 상처투성이다. 주인을 잘 못 만나 고생이다. 짐을 다시 굴렁이에게서 떼어냈다. 조금 더 돌밭을 올라가니 길이 좁아지고 돌들이 커졌다. 자갈이 아니라 이제는 바위였다. 이 길은 진정 길이 아니었다. 건천이었다. 마른 계곡이다. 오른쪽 언덕을 넘어서 있는 계곡에서 물소리가 들렸다.

이리저리 바위 사이로 굴렁이와 짐을 밀다 끌다 들다 가는데 절벽과도 같은 큰 바위를 만났다. 올라갈 수 없는 마른 폭포였다. 몸이야 어떻게든 올라가겠지만, 굴렁이를 위로 올릴 수가 없었다. 몇 번 시도해보다가 둘 다 쓰라린 상처만 입고서야 지도를 다시 보니 바로 옆에 실 같은 가는 길이 계곡 건너에 있는 것이 보였다. 지도상에는 겨우 몇 cm밖에 안 되는데 눈앞에는 무한대의 거리였다. 이번에는 굴렁이를 불렀다.

'굴렁아, 미안하다.'
'괜찮아, 또 오도 가도 못하는 상황이 된 거야?'
'휴~ 어떻게 해야 하니?'
'마른 폭포를 못 올라간다면 옆으로 가면 되잖아.'
'옆? 마른 폭포를 돌아서 계곡 사면에 올라가자고?'
'그래, 지금은 그 방법밖에 없어. 여길 빠져나가려면.'
'알았어, 해보자.'

자전거와 짐을 바위에 놔두고 사면을 오르기 시작했다. 물을 잔뜩 먹은 흙은 체중이 실리자 무너져 내렸다. 나무를 붙잡고 오르고, 또 밀리면 나무를 붙잡으면서 올라갔다. 실타래처럼 얽힌 나뭇가지 사이를 헤치며 앞으로 나아갔다. 30여 미터 갔을까. 마른 계곡 건너편에 물이 흐르는 계곡이 보이고 그 뒤로 지도상에 있던 소로가 보였다.

드디어 왔구나.

마른 계곡에 걸려 있는 나무 두 개와 물이 흐르는 계곡을 넘었다. 포장된 소로가 계곡 앞까지 내려와 있었다. 길을 찾았으니 이제 굴렁이와 짐을 데리고 와야 했다. 그 아이들을 어떻게 데려올지 걱정 따위는 들지 않았다. 길은 찾았고, 어떻게든 데려오면 되니까, 굴렁이 구출 작전이 시작됐다. 어떻게 굴렁이와 짐을 데려왔는지 모르겠다. 같이 구르며 굴렁이와 많은 대화를 했다는 것밖에 기억이 나지 않았다. 내가 이렇게 수다쟁이인지 몰랐다. 굴렁이와 진짜 친구가 된 것 같은 느낌, 이 느낌이 뭐지. 내가 자전거가 된 걸까. 굴렁이가 사람이 된 걸까.

계곡을 넘어 바위에 굴렁이를 세워놓고, 계곡물로 세수를 했다. 얼굴을 드니 물방울이 얼굴에 마구 떨어졌다. 만신창이가 된 굴렁이와 짐도 비에 같이 씻겼다. 시간이 보니 벌써 오후 6시가 다 되어 간다. 여원치 길 입구에 도착한 것이 12시 50여 분이었으니, 5시간여를 산속에서 헤매고 있었던 셈이다.

아담원에서 내려오는 길, 카페와 잔디 정원이 예뻤다.

아담원 입구, 어디로 가야 할까. 운봉으로 계속 가야 할까, 아니면 근처에 텐트를 펴야 할까.

여원재에서 수풀의 늪에 빠져 탈출하느라 진땀을 흘려야 했던 하루

지금 꼴을 생각하면 쉬어야 하겠지만, 비 내리는 산중에서 야영할 만한 곳이 없었다. 계획대로라면 아무리 늦어도 지금쯤은 운봉에서 맛있는 음식을 먹으며 늘어져 있어야 할 시간이었지만, 지금은 잘 곳도, 마실 물도, 먹을 것도 없다. 무조건 계속 가야만 했다.

국도 24번 황산로로 돌아서 갔다. 비는 쉼 없이 내렸다. 갓길은 좁고 차량이 많이 지나가는 오르막길, 자전거 기어가 다시 늘어져 저단으로 내려가지 않았다. 페달이 몸처럼 무거웠다. 하지만 계속 자전거를 탔다.

천국을 오르는 느낌이란 이런 것일까.

기독교에서는 선행을 많이 해야 천국에 갈 수 있고, 불교에서는 좋은 업을 쌓아야 윤회의 업을 벗어날 수 있다고 했는데 나는 지금 윤회의 수레바퀴를

쉼 없이 비가 내리는 국도 24번 황산로

돌리고 있는 것일까, 내 윤회를 돌리듯 바퀴를 돌리고, 돌리고, 돌리니 겨우 여원재에 다다랐다. 다행인 것은 운봉으로 가는 길이 2차선이고, 반대편 차선이 1차선이었다는 점. 차들이 알아서 조금 떨어져서 지나갔다. 여원재 옛길에서 보려고 했던 문화재인 마애불상은 생각나지도 않았다.

여원재 고개에서 운봉까지는 아주 완만한 내리막이었다. 쌩하니 내려갈 줄 알았던 내리막은 거의 평지와 진배없었다.

참 이상한 지형이다. 이정도 올라왔으면 시원하게 내려가야 하는 거 아닌가. 올라간 만큼 내려가고, 내려간 만큼 올라가는 것이 당연한 이치 아닌가.

하지만 여기서는 아니다. 자전거로 가시는 여러분들은 모두 알아두시라. 운봉 내리막은 도깨비 도로라는 것을.

운봉읍은 지리산 산맥에 둘러싸인 분지로 운봉고원이라고 불리는 곳에 자리 잡고 있다. 지도를 보면 분지 형태가 구석기 시대 타제석기처럼 재미나게 생겼다. 운봉은 남원시에서 경상도 함양으로 가는 중간 기착지이다. 운봉이라는 이름은 757년 통일신라 경덕왕 때 정해졌다고 하니 1,300여 년이나 된 오래된 마을이다. 지대가 높은 지역이라 남원시와 비교해 평균 온도가 2~3도 정도 낮다고 한다.

오후 6시 50여 분, 비에 젖은 운봉읍에 도착했다. 삼거리에 있는 할머니와 할아버지 부부가 하는 점순이 분식에서 비빔국수와 김밥을 먹었다. 내 몰골을 보고 많이 주신 건지 그릇에 담긴 국수가 여원재 고개만큼 높았다. 다 먹고 나니 커피 생각이 슬슬 났다. 젊은 커플이 분식집에 들어왔기에 커피 맛집

▲ 인정사정없이 비가 내리는 운봉초등학교 교정

을 물어보니 본인들도 여기에 처음이라고 한다. 검색을 해보니 조금 떨어진 곳에 '식어도 맛있는 아재 커피'가 있었다. 재미난 이름이다.

    비가 계속 내리고 있었다. 속옷을 사러 운봉 하나로마트에 갔다. 상당히 큰 대형 마트다. 안에서 물을 사는데 성능이 좋은 에어컨 때문에 이가 딱딱 부딪히고 몸이 오그라들었다. 출입문 안쪽에 옷 매대가 있어서 가보니 티셔츠와 양말이 있었다. 양말은 4개가 한 묶음이다. 하나씩 사 들고 계산대에 서서 카드를 내미는데 손이 덜덜 떨렸다. 계산원 아주머니가 얼른 가서 옷을 갈아입으라고 화장실 위치를 알려주었다. 찢어지고 진흙에 발린 옷을 버리고 새로 산 옷을 입으니 몸이 따뜻해졌다.

트랙 27 스탬프 함이 있는 읍내 위쪽 운봉초등학교에 갔다. 초등학교 건물 처마 아래 텐트를 치고 나니 비가 다시 강해졌다. 장군이 일기에 쓴 표현을 빌자면 비가 "몹시 퍼부어 머리를 내어놓을 수가 없을 정도"였다. 운동장에 있는 느티나무가 어둠 속에 거대했다. 비에 잠긴 하루. 멀고 가까운 빗소리를 듣다 잠이 들었다.

난중일기

4월 25일 [을유]

비 올 징후가 많았다. 아침 식사 후에 길에 올라 운봉(남원 운봉읍)의 박롱(朴 籠)의 집에 들어가니, 비가 크게 내려 머리를 내밀 수도 없었다. 여기서 들으니 "원수(권율)가 이미 순천을 향했다"라고 하기에 즉시 사람을 금부랑(도사, 이사빈)에게 보내어 머물게 했다. 고을 수령(남간)은 병 때문에 나오지 않았다.

백의종군로 자전거 순례 9일
'구례, 내일도 오늘만 같아라'

무력감에 자전거 종주 멈추고 싶다

🚲

(운봉초) ▶ 주천면 지리산 둘레 안내센터 ▶ 지리산 유스캠프 굴다리 ▶ 밤재(패스) ▶ 산수유 시배지 ▶ 구례 손인필 비각 구국정 ▶ 구례구역 ▶ 황전면사무소 ▶ 황전초

8.2(화)

- 🕐 **시간** 13:40h
- 📍 **거리** 66.7km
- 🚲 **트랙** 27, 27-1, 28, 28-2, 29, 30, 30-1
- ☀ **날씨** 흐림
- 🌡 **기온** 30.9~25.3°C
- ⛺ **야영** 황전초등학교

백의종군로 자전거 순례 9일 '구례, 내일도 오늘만 같아라'

무력감에 사이클 종주 멈추고 싶다

무언가 몸을 칭칭 감았다. 풀어보려고 애 써보지만 무언가가 몸을 더 옥죄었다. 숨이 막혔다. 두 손을 허공에 마구 저었다. 헉. 헉. 눈이 번쩍 떠졌다. 천근 바위에 눌린 듯 묵직한 가슴, 어제 여원재에서 너무 힘들었나 보다. 지난밤에는 몰랐던 상처들이 뒤늦게 이곳저곳에서 자신의 존재를 알린다. 아무리 애써도 잠이 오지 않았다. 몸을 계속 뒤척였다. 무력감이 몰려왔다. 이제 그만하고 싶다. 내일은 서울에 올라가자. 내일은 꼭 올라가자. 씻고 싶다. 쉬고 싶다. 중얼거리다가 다시 잠이 들었다.

밖이 희미했다. 밤새 요란하던 빗소리는 더 들리지 않았다. 억지로 몸을 일으켜 밖에 나왔다. 운동장 모래가 물을 잔뜩 머금었다. 오늘 아침에는 서울을 꼭 올라가리라던 지난 밤의 굳은 의지는 어디로 갔는지 자동인형처럼 출발 준비했다.

▲ 밤새 내리던 비가 갠 이른 아침 운봉초등학교 교정에 우두커니 서 있는 아름드리 느티나무

아, 연약한 나의 마음이여. 저녁엔 지고 아침에 피어나는 꽃 같구나.

밤하늘을 다 가릴 듯 거대하던 느티나무의 수령은 410년, 둘레가 6.5m, 높이는 29m나 된다. 한국에서 가장 큰 느티나무로 등록된 전라북도의 장성 단전리 느티나무와 수령은 비슷하고, 둘레는 조금 작아도 키는 더 크다.

정말 멋진 나무다. 높이가 제일 크면 가장 큰 나무로 해줘야 하지 않을까.

운봉초등학교 정문에서 트랙 27 스탬프를 찍었다. 밤새 내린 비에 운봉읍 거리가 말갛게 씻겨있었다. 운봉읍은 남강으로 흘러드는 림천('님천'이 아니라 '림천')이 두 갈래로 갈라진 틈에 절묘하게 자리 잡고 있다. 사람들은 이곳 지형 때문에 개발이 어려워서 지금까지 옛 읍내 모습을 그대로 간직하고 있다고 했다. 백의종군로 노상에서 가장 산골 다운 읍 마을이었다.

말갛게 씻긴 운봉읍 아침

아침에 문을 연 식당을 찾아서 동네 한 바퀴를 돌았다. 맑은 기운에 밤새 눌렸던 가슴이 조금씩 펴졌다. 골목 골목을 다니다가 문을 연 식당을 발견했다. 지리산 토종 흑돼지 유미네집, 벌써 한 가족이 와서 밥을 먹고 있었다. 문 가까운 곳에 앉아 백반을 먹었다. 세련된 맛은 아니지만, 김치며 나물이며 반찬이 투박하고 감칠맛이 있었다. 가게에는 서빙을 하는 젊은 여자가 있었다. 괜히 마음이 시렸다.

이순신 장군은 운봉읍에서 도원수가 순천으로 갔다는 소식을 듣고, 여원재를 다시 넘어 이백면과 구례읍을 거쳐 순천으로 내려갔다. 백의종군로가 갈지자걸음을 걷게 된 사유다. 여원재를 넘어서 도로 이백면으로 가야 했지만, 어제 여원재에서 기억이 생생하게 살아나서 다른 길을 가기로 했다.

다음 트랙 이정표는 27-1 주천면 지리산 둘레길 남원 안내센터이다. 운봉읍에서는 국도 60번 운봉로로 갈 수 있었다. 남쪽 고기 교차로에서 서쪽 오르막을 넘어 한적한 길을 따라가다 이백면에서 내려오는 장백산로를 만났다. 지리산 둘레길 안내센터까지는 시원한 내리막이었다. 마치

▲ 주천면 지리산 둘레길 안내센터 쉼터

활주로를 달리듯 내달려 안내센터에 도착했다. 안내센터 쉼터 기둥에 매달려있는 트랙 27-1 스탬프를 찍고 나서 의자에 앉았다.

갑자기 비가 쏟아졌다. 쉼터 앞 풍경이 꿈결처럼 몽환적으로 바뀌었다. 몸이 몹시 노곤했다. 빗방울이 바람에 날리는 쉼터 긴 의자에 몸을 뉘었다. 눈

을 감고 빗소리를 들었다. 지붕에, 나뭇잎에, 풀잎에, 아스팔트에 떨어지는 빗소리가 가깝게 들리다가 어느 순간 아득히 멀어졌다.

계속 갈 수 있을까. 이 길을 끝낼 수 있을까.

멀리서 누군가 부르는 소리가 들렸다. 무슨 소리인지 들으려고 애를 써보지만 잘 들리지 않았다. 눈을 떴다. 비는 그쳤고, 개울을 건너 바람이 시원하게 불어왔다.

▲ 주천면 지리산 둘레길 안내센터 쉼터 내 백의종군로 스탬프 27-1함

지리산 둘레길 안내센터에서 나온 아주머니가 누군가에게 손을 흔들고 있었다. 시선을 따라가니. 배낭을 멘 외국인 여자가 길 건너 숲길로 가볍게 걸어가는 모습이 보였다. 지리산 둘레길은 전라북도·전라남도·경상남도 3개 도와 남원·구례·하동·산청·함양 5개 시군에 걸쳐 80여 개의 마을 300km를 잇는 아름다운 길이다. 평균 20km의 21개 구간이 있다. 지리산 투어 사이트 (https://www.jirisantour.com/)에서 자세한 구간 안내를 볼 수 있다. 숲속의 사라지

는 둘레길 여행자의 뒷모습을 보니 힘이 다시 났다.

안내센터 위로 웅치윗길 오르막으로 갔다. 오르막은 항상 힘이 들었지만, 유달리 페달이 돌아가지 않았다. 내려서 바퀴 체인을 살펴보니 가운데 멈춰서 꼼짝을 하지 않았다. 경사가 조금만 나와도 내려서 자전거를 밀었다. 힘이 들어서였을까. 트랙 28 스탬프 함이 있는 지리산 유스호스텔 굴다리 입구 벽에 나 보란 듯이 걸려 있는 빨간색 스탬프 함을 그냥 지나쳐 유스호스텔 위로 올라갔다. 굴다리에서 유스호스텔 건물까지는 경사가 장난이 아니었다. 헐떡이며 올라갔는데, 바닥에는 비에 젖은 낙엽들이 붙어있고, 이곳저곳에 쓰레기가 쌓여 있었다. 건물 여러 동이나 있는 유스호스텔인데 모두 불이 꺼진 채 굳게 문이 닫혀 있었다. 황량한 분위기였다. 폐업했나, 생각하고 있는데 갑자기 어디선가 사람이 나타났다.

그 사람도 나도 서로 놀랬다. 백의종군로 스탬프함 위치를 물어보니 잘 모른다며 유스호스텔은 지금은 정비 중인데 곧 다시 영업을 시작할 예정이라고도 했다. 굴다리를 내려오며 안내자료를 보니 청소년 단체나 기업을 대상으로 운영되는 유스호스텔이었다.

이곳부터는 구례군이다. 백의종군로는 구례군에서 산동면, 광의면, 구례읍을 지나간다. 트랙 28-1 스탬프는 밤재 정상에 있었는데 이 기어로는 도저히 올라가지 못할 것 같았다, 웅치윗길과 산업로가 만나는 곳에서 밤재터널을 지나가기로 마음을 먹었다. 터널 앞에서 보니, 2차선 중 바깥 차선에 꼬깔콘을 쭉 세워놓았다. 갈 수 있을지 안에 조금 더 들어가 보니 꼬깔콘이 차선을 따라 계속 놓여 있었다. 터널 안에 들어가도 역시 입구와 다른 것이 없었다. 내친김에 차선 하나를 독차지하며 신나게 달렸다. 터널 끝에 도착해서 보니 중장비 차량 두 대가 출구를 막고 있었다. 아직 공사를 시작하기 전이었나 보다. 운이 좋았다. 산업도로 아래로 지리산 자락과 마을이 한가로이 펼쳐졌다.

▲ 밤재터널 입구와 바깥 주변 풍경

조망을 즐기며 트랙 28-2 스탬프 함이 있는 산수유 시배지로 가는 용산로에 들어갔다. 산수유 시배지는 1,000년 전 중국 산둥(山東·산둥)성에서 가져온 산수유를 우리나라에서 처음 심은 곳이다.

▲ 산수유 시목지

산수유 보호수가 있는 개척마을과 현천마을은 봄에는 노란 산수유가 지천으로 피어나 마치 한 폭의 그림 같다고 했는데 지금은 비에 젖은 녹음만이 우거져있어 상상만 해보았다. 산수유 시목지 앞에는 성과 연못이 있었는데 성에는 이순신 장군의 일기가 쓰인 어록판이 있었다. 입구 안내문에는 광의면사무소까지 이어진 '산수유 지리산 호반길(11.7㎞)'에 대한 설명이 있었다. 장군이 마신 산수유 물은 어떤 맛일까.

"남도 백의종군길의 시작점이자 거점지역인 이곳 계척마을은 임진왜란 때 피난 온 사람들에 의해 처음 만들어진 마을로 이순신이 남원에서 밤재를 넘어 이곳에서 구례 주민들의 환영을 받으며 산수유 물 한잔을 마시는 모습을 떠올릴 수 있다."

이곳부터 서시천을 거쳐 광의면사무소까지 소박한 산골 모습과 정경을 잘 느낄 수 있다고 했다. 구례 지역에서는 백의종군로와 지리산 둘레길은 산수유 시목지, 산동면사무소, 운조루에서 만나고 헤어지기를 반복한다. 앞에 조우할 길에 대한 기대가 부풀었다. 전동 휠체어를 탄 동네 할머니가 경사진 길을 천천히 올라갔다.

구례군의 행정구역은 1읍, 7면이고, 면적은 443.2㎢이다. 인구는 25,139명으로 전라남도에서 인구가 가장 작은 군이다. 구례현이란 지명은 고대 신라왕조때인 서기 757년에 정해졌다. 예로부터 세 가지가 크고 세 가지가 아름다운 땅'이란 뜻의 삼대 삼미의 고장이라 했다. 지리산, 섬진강, 구례 들판이 큰 것이고, 수려한 경관, 넘치는 소출, 넉넉한 인심이 아름다운 것이다. 지리산과 섬진강이 낳은 자연환경 속에 봄이면 섬진강 연안 도로에 화사한 벚꽃, 여름이면 계곡마다 짙은 신록, 가을이면 붉게 타는 만산홍엽, 겨울에는 순백의 하얀 눈꽃이 만개하는 전라도 내륙의 대표적인 관광지역이다.

백의종군로는 용산로와 원촌로를 지나 멀지 않은 곳에 아담한 산동면 마을에 닿았다. 산동면 마을에서 수락천과 서시천이 만났다. 마을 중앙을 지나가는 원촌길에는 토속적인 벽화가 그려진 작은 건물들이 정다웠다. 형제식당, 대중이용원, 금성미용실, 아세아조경, 타인능해(他人能解: 타인도 열게 하여 주위에 굶주린 사람이 없게 하라는 뜻)……. 상가 간판에서 시골 마을의 정취가 물씬 풍겼다. 끄트머리에 있던 타인능해(他人能解) 건물은 외관도 다르고 이름도 낯설어서 검색해보니 백의종군로 경로에 있는 운조루에서 나온 말이었다. 운조루는 조선 영조 때인 1759년 낙안부사 류이주가 지은 집으로 타인능해는 창고 뒤주에 쓴 말로 '누구나 능히 열 수 있다'라는 뜻이고, 흉년이 든 해에 마을에 굶주리는 사람이 없도록 누구든 가져갈 수 있게 창고에 놓아두었다고 한다. 구례군 지역사회보장협의체에서 산동면에 어려운 이웃들을 위해 무료 나눔가게를 열었는데, 가게의 이름을 운조루의 전통을 이어받기 위해 타인능해(他人能解)로 정했다고 한다.

마을이 끝나 갈 즈음 작업장에서 공동작업을 하는 마을 아주머니들을 만났다. 머리에 수건을 둘러쓰고 작업 치마를 두른 모습이 벽 그림 속에 있는 사람들이 밖에 걸어 나온 듯했다. 산동면은 산수유 군락지로 전국 산수유의 70%가 나는 생산지이다. 매월 2일과 7일에는 산동장이 서고, 12월과 1월에는 산수유 열매 거래로 성시를 이룬다. 산동장은 '파싹장'이라고도 불리는데 오전 10시면 파한다고 해서 붙여진 이름이다. 오늘이 8월 2일이고 지금 12시 30분이니 내가 지나갈 즈음 장이 끝나고 아주머니들이 뒷정리하고 있었나 보다. 산수유 피는 계절에 산동마을에서 하루 꽃 구경을 하며 마을의 정취를 느끼면 더할 나위 없겠다. 동화책에 나온 것 같은 마을, 정답고 아담한 이 산골 마을을 그냥 지나가는 게 여러모로 아쉬웠다.

마을 아래에는 운흥정 정자가 있었다. 운흥정은 일제강점기인 1926년 지역의 문인들이 시사계를 조직하면서 만든 정자다. 운흥정 바로 앞 서시천 계

▲ 윤흥정 출렁다리에서의 필자

곡은 바위와 물이 어우러져 아름다웠다. 계곡을 가로지르는 출렁다리인 용운교에는 붉은 배롱나무꽃이 터널을 이루고 있었다. 봄에는 노란 산수유가 천지라고 했는데, 지금은 붉은 배롱나무가 한창이었다. 정자에서 바라보니 용운교 위에서 로맨틱한 포즈를 취하고 있는 아주머니 옆에서 아저씨가 열심히 사진을 찍어 주고 있었다. 붉은 꽃과 사람이 잘 어울렸다. 출렁거리는 다리 위에서 꽃과 바위와 사람이 한 폭의 그림 같았다. 정자로 돌아가는 아주머니를 붙들고 사진을 찍어달라고 했다. 한 장만 부탁했는데 아주머니가 자세를 이리저리 바꾸어가며 열정적으로 사진을 찍어서 얼떨결에 다리 위에서 자전거 모델이 되었다. 혼자 다니는 여행이라 사진 찍을 일이 별로 없었는데, 오늘은 그동안 못 찍은 전신 독사진을 원 없이 찍었다. 운치 있는 정자와 계곡, 출렁다리와 배롱나무 꽃, 사진작가 아주머니와 아저씨, 훗날 모두 좋은 추억 거리다.

▲ 서시천 둑길

　길 건너 서시천 강물은 맑고 고왔다. 얼마를 내려가니 앞이 확 터지고, 넓은 호수가 나타났다. 구만제 저수지였다. 얼마나 넓은지 끝이 보이지 않았다. 멀리 호수를 가로지르는 다리가 보였다. 호수 길은 잘 정비되어 있고, 차량이 많지 않았다. 최근 구만제 저수지를 지리산 호수공원으로 개발해서 공원 오토캠핑장은 구례 알프스라고 불릴 정도로 인기가 많다고 한다. 구름다리 건너서는 LOVE 연지 꽃밭, 지리산 치즈랜드, 수상레저 등 즐길 거리가 많다. 오토캠핑장을 지나서 산책로가 호수를 따라 아래로 이어졌다. 호수는 마치 스스로 빛나는 것처럼 햇빛이 없는 흐린 날씨에도 맑게 빛났다.

시원하게 뚫린 구만제 둑길을 달리며 바라본 하천

다리를 건너 구만제로를 달리며 호수와 지리산과 비에 젖은 길이 주는 아름다움을 만끽했다. 지리산 호수공원을 벗어나며 뒤를 계속 돌아보았다.

광의면 마을까지 이어진 서시천 둑방 하늘에서는 음악 소리가 들렸다. 쳐다보니 둑방 벚나무에 매달린 스피커에서 익숙한 팝송이 흘러나오고 있었다. 그냥 흥얼거렸다. 얼마 만에 듣는 음악인가. 백의종군로를 달리며 그동안 음악을 듣지 못했다. 백의종군로를 처음 가기도 했지만 들쑥날쑥한 길에 갈림길이 계속 나타나서 편하게 음악을 들을 여유가 없었다. 주머니에 들어 있던 블루투스 이어폰은 며칠째 비를 맞아서 빛나던 검은색 코팅이 벗겨지고, 물에 불어서 흉측하게 변해서 작동이나 될지 모르겠다. 아무렴 어쩌랴. 이렇게 음악이 나오는 길도 있는데. 즐기며 달렸다.

구름 사이로 해가 조금씩 비췄다. 서시천 둑방은 꽤 길었지만 넓은 논이 펼쳐져 있어서 눈도 기분도 시원했다. 논에서는 향긋한 벼 냄새가 났다. 오가는 사람 하나 없는 길, 벚꽃이 분분히 날리는 봄에 음악을 들으며 이 길을 달리면 기분이 얼마나 좋을까.

광의면 외곽을 지나 구례공설운동장에 도착했다. 정자에 트랙 31 스탬프 함이 있었다. 그런데 함 번호가 31인데, 스탬프 번호는 33이다. 구례공설운동장 번호가 33번이니 스탬프 함 번호가 잘못된 것이다. 정자에는 노인 한 분이 계셨는데, 구례 근처 시골에서 오셨다고 했다. 그런데 "왜 혼자 계시냐?"라고 하니 "사위가 주변에 식당을 알아보러 갔다"라고 하신다. 그럴 수도 있겠지만, 노인의 표정이 외로워 보였다. 왠지 안쓰러운 느낌, 물론 내 느낌이 맞지 않기를 바랐다.

트랙 29 스탬프 함이 있는 손인필 비각은 조선수군 재건 출정공원 안에 있었다. 이순신 장군이 백의종군 중이던 1597년 7월 15일 당시 삼도수군통제사 원균이 이끌던 조선 수군은 칠천량에서 패해 거의 전멸하고, 판옥선 12척만이 남았다. 이순신 장군은 그해 7월 27일 진주시 수곡면 손경래 가옥에서 삼도수군통제사 재임용 교지를 받고, 수군을 재정비하기 위해 구례에서 출발했다. 장군이 장수와 병사 15명과 출정하는 모습이 출정공원 벽화에 역동적으로 형상화되어 있었다.

이순신 장군이 구례를 떠나 조선 수군 재건 길에 나선 지 며칠 후 왜군 5만 6천여 명이 남원으로 가는 길목인 구례에 쳐들어 왔다. 왜군은 칠천량 이후 바다의 제해권(制海權)을 장악하고 전라도 일대를 유린했다.

이순신 장군과 왜군은 서로 앞서거니 뒤서거니 하면서 길을 갔는데 장군의 길이 그만큼 긴박했다는 사실을 알 수 있다. 이순신 장군은 조선 수군 재건 길에 수군을 폐하라는 선조 임금의 명을 받았는데 "신에게는 아직 12척의 배가 있습니다"라고 답하고 명량해협에서 일본 수군과 전쟁의 승패를 좌우할 일전을 벌이게 된다.

조선 수군 재건 출정공원 길 건너에는 전망이 멋진 커피집이 있었다. '몽키' 브랜드 커피다. 핸드드립 커피를 한다는 현수막을 보고 안에 들어갔다. 정원과 창문이 동쪽에 있어 오후의 실내는 조금 어두웠다. 커다란 나무 탁자와 소품들이 조용하고 편안한 느낌을 주었다. 주인은 커피 교육을 받으러 갔다고 하고, 누나가 가게를 보고 있었다. 이야기를 나누어보니 주인장은 재미있는 사람이다. 커피를 좋아해서 전국을 다니며 커피 투어를 했는데 마음에

드는 곳이 없어서 아예 여기에 커피집을 차렸다고 했다. 어디까지 사실인지 몰라도 커피에 꽤 자부심이 있는 사람인가 보다. 콜롬비아 게이샤 원두로 커피를 주문했다. 향이 좋았다. 동쪽 창밖에 물결치는 지리산 산맥들이 보였다. 지리산 밖에서 지리산을 보니, 지리산이 더 잘 보였다. 커피를 즐기며 몸도 마음도 힐링이 되고 충전이 되었다.

▲ 몽키 브랜드 카페의 보기만 해도 시원한 아이스 필터커피 한 잔의 여유

 구례읍은 읍의 인구가 10,651명인 조그마한 읍이다. 말 그대로 공기 좋고 물 맑은 산속에 있는 마을이다. 이곳의 시간은 느리게 흘러간다. 오래전 이곳을 처음 왔을 때와 지금의 구례는 도로, 건물, 하천 등 바뀐 것이 없다. 굳이 그동안 바뀐 것이 있다면 인구가 줄고, 노인들이 많아졌다는 것 정도이다. 이곳에서 서울이나 신도시와 수준이 비슷한 것을 찾으라면 아마 커피 가게일 것이다. 인구 대비 가게 숫자나 인테리어나 바리스타 수준이 서울과 비교해도 뒤지지 않는 곳도 있다. 지방의 커피 수준이 많이 높아졌다는 것을 이 한적한 산골 마을에서도 알 수 있었다.

 섬진강의 강폭이 넓어졌다. 옛날 문척교를 건너 둑을 따라 구례역으로 갔다. 용문교를 넘어 구례구역에 도착할 즘 이미 해거름이 지기 시작했다.

구례구역은 세월을 타지 않았다. 오래전 사람과 짐으로 가득 찬 완행 비둘기호 밤 열차를 타고 친구들과 신나게 두더지 게임을 하다가 지쳐 잠든 새벽에 눈을 비비며 내렸던 구례구역, 그때 웃고 울던 친구들, 지리산행 첫 버스를 기다리며 역 앞에서 길게 기다리던 모습들이 생각났다. 역사 바로 앞에 그때 그대로 모습인 지리산마트와 음식점들……. 그대의 추억이 어둠 속에서 살아났다. 한동안 역 앞에서 추억에 잠겨 있다가 문득 정신이 들었다. 트랙 30 스탬프를 찍고 황전면으로 출발했다. 날이 완전히 어두워졌다. 국도 17번 큰길을 따라서 달렸다. 도로 옆 좌우 벌판에는 불빛이 없었다. 배터리가 다된 전조등이 꺼졌다. 깊은 어둠에 잠긴 대양 속을 조용히 순항하는 잠수함에 탄 느낌이 이런 것일까. 지나가는 차 소리도 점점 멀어지고 깊은 심연 속에 가라앉았다. 얼마를 달렸을까.

▲ 구례구역에서 추억에 잠기다.

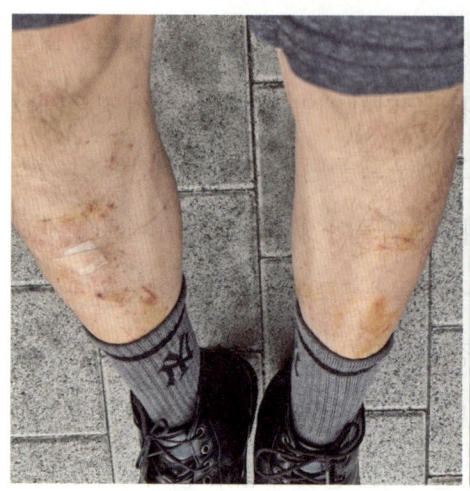 

▲ 백의종군로 사이클링 순례 9일 차를 맞이해 두 다리에 난 영광의 상처들

▲ 카레+참치캔+저녁밥의 행복

우측에 불빛이 보였다. 안으로 들어가 보니 황전면사무소가 나왔다. 그런데 이상했다. 있어야 할 상가도, 집도 보이지 않았다. 지도를 보니 뒤에 마을이 있는데, 못 보고 괴목1교를 건너온 거였다. 뒤로 다시 돌아가니 마을이 나왔다. 동네 슈퍼가 보였는데, 이름이 나들가게이다. 물과 먹거리를 사기 위해 냉장고를 보는데, 하얀 김이 서려서 안이 보이지 않았다. 가게 안은 에어컨을 켜지 않아서 바깥처럼 더웠다. 물을 샀는데 1리터 생수 1개 값이 500ml 생수 두 개 값보다 훨씬 쌌다. 할아버지 말로는 물값은 거기서 거기고 플라스틱값 차이라고 했다.

할아버지가 황전초등학교 전교생이 40여 명 밖에 안된다며 걱정을 했다. 전라도 지역은 다소간에 차이가 있겠지만 어디나 비슷한 상황이다. 할아버지의 걱정을 뒤로 하고 국도 건너편에 뚝 떨어져서 있는 황전초등학교에 갔다. 조명이 없는 학교는 어두워서 칠흑 같았다. 랜턴이 꺼져서 운동장을 더듬거리며 야외 세면대를 찾았다. 세수하고 풀벌레 소리를 음악 삼아 늦은 저녁을 먹었다.

아늑한 텐트 안에서 들어와 누우니 오늘 하루가 주마등같이 스쳐 지나갔다. 오늘은 늦게까지 라이딩한 것 말고는 사건 사고 없는 평안한 하루였다. 아름다운 음악을 들으며 둑길을 달리기도 하고, 전망 좋은 커피가게에서 커피 향에 취하기도 하고, 구례구역에서는 추억에 잠기기도 하고, 오랜만에 아주 멋진 하루, 내일도 오늘만 같기를!

난중일기

4월 26일 [병술]

흐리고 개지 않았다. 일찍 밥을 먹고 길에 올라 구례현에 이르니 금오랑(도사, 이사빈)이 먼저 와 있었다. 손인필의 집에 거처를 정하였더니, 고을의 현감(이원춘)이 급히 보러 나와서 매우 정성껏 대접하였다. 금오랑도 와서 만났다. 내가 현감을 시켜 금오랑에게 술 마시도록 권하게 했더니, 고을 현감이 정성을 다했다고 한다. 밤에 앉아 있으니 비통함을 어찌 말로 다하랴.

4월 27일 [정해]

맑음. 일찍 출발하여 송치(松峙) 아래에 이르니 구례 현감(이원춘)이 사람을 보내어 점심을 지어 먹고 가게 했다. 순천 송원(松院, 운평리)에 도착하자, 이득종과 정선(鄭愃)이 와서 문안하였다. 저녁에 정원명의 집에 도착하니, 원수(권율)는 내가 온 것을 알고 군관 권승경을 보내어 조문하고 안부를 물었는데, 위로하는 말이 매우 정성스러웠다. 저녁에 이 고을 수령(우치적)이 와서 만났다. 정사준도 와서 원공(원균)의 패악하고 망령되어 잘못된 행태를 많이 말했다.

백의종군로 자전거 순례 **10**일
"순천, 정말 여기까지인가?"

버려야 여생이 홀가분해진다

(황전초) ▶ 황전면 사무소 순천 서면 우체국
▶ 승주읍 학구마을회관 ▶ (승주초)

8.3(수)

- 시간 13 : 30h
- 거리 20.1km
- 트랙 32
- 날씨 비(11.2mm)
- 기온 29.1~24.2°C
- 야영 승주초등학교

🚲 백의종군로 자전거 순례 **10**일　"순천, 정말 여기까지인가?"
버려야 여생이 홀가분해진다

황전초등학교는 여태 본 초등학교 중에서 가장 전원적이었다. 운동장 곳곳엔 물이 고였고, 가깝고 먼 산자락이 학교를 둘러쌌다. 해거름 초가집에 올라오는 굴뚝 연기처럼, 산신령의 흰 수염처럼 희고 낮은 운무가 걸린 산은 고요하기만 했다. 운무는 흐르지 않고, 제자리에 멈춰 서 있었다. 운동장 단상 위 깃발이 축 내려앉았다. 아침 기차 소리에 지축이 흔들렸다. 구례역의 기차는 땅에 붙어서 달리는 소리가 났다. 묵직한 땅울음에 가슴이 울렸다.

오늘은 순천시로 간다. 출발할 시간, 매일 크고 작은 문제가 생기지만 꼭 해결해야 할 일이 있었다. 우측 기어가 고단에 멈춰서 움직이지 않았다. 순천시에서는 자전거 정비 가게가 있을 것이다. 고개를 넘어 순천까지만 가면 된다. 왠지 마음 한구석에 불안감이 스멀거렸다. 하나 더, 손 장갑 한쪽이 사라졌다. 주머니에 넣어놓았는데 어디선가 흘린 모양이었다. 있어도 그만 없어도 그만인 것 같지만 장거리 라이딩을 할 때는 꼭 필요한 용품이다. 어제 왔던 길을 더듬어 가며 찾아야 하는데, 벌써 한숨이 나왔다.

순천시는 람사르협약에 등록된 순천만 습지와 순천만국제정원박람회로 유명하다. 행정구역은 1읍 10면 13동, 면적은 910.05km²이고, 인근의 여수시, 광양시와 같은 생활권으로 행정구역 통합 논의가 진행 중이다. 인구는 281,918명이고, 전라도의 다른 도시와 달리 인구가 유지되는 도시이다. 2023년부터 코로나로 중단되었던 순천만국제정원박람회가 다시 열린다.

언제부턴가 아침마다 더 버릴 것이 없는지 찾아보는 것이 일과의 첫걸음이 됐다. 버려야 산다. 나이가 들수록 점점 무거워지는 인생의 짐도 뒤돌아보

▲ 산에 둘러싸인 황전초등학교 교정

지 말고 버려야 한다. 물건도, 욕망도, 관계도, 부도 버려야 한다. 그래야 남은 인생길을 가볍게 갈 수 있다.

순천시 도심까지는 14km, 고개 하나를 넘어가야 한다. 백의종군로는 국도 17번 순천로 옆으로 송치재를 넘어간다. 아침 먹을 곳이 있을지 모르겠다. 길을 더듬어 되돌아가다가 다행히 바닥에 떨어져 있는 손 장갑을 만났다. 이산가족을 만난 듯 반가웠다.

황전면 마을은 '괴목나무장'이라는 특이한 이름을 가지고 있다. 1854년 마을에 큰 홍수가 났을 때 아홉 그루의 느티나무가 동네 사람들을 구했다고 해서 지어진 이름이라고 한다. 그 고마운 느티나무는 어디 있는지 지금은 보이지 않지만 이름으로나마 남았다.

황전면에는 국밥집들이 여럿 있는데 동네 주민이 추천해 준 '괴목에서 제일 오래된 순댓집'이라는 캐치프레이즈가 붙은 '원조 할머니 옛날 순대·국밥집'에 들렀다. 어디를 가나 인기 메뉴는 역시 장터 국밥이다. 옛날 할머니 순대 국밥집은 종업원 아주머니만 네 명이나 되는 제법 규모가 있는 가게인데, 이른 아침이어서인지 손님이 없었다. 국밥은 담백했다. 배부르게 먹고 스마트폰을 보니 겨우 20%밖에 충전이 되지 않았다. 밤에 충전하지 못하니 배터리 걱정을 항상 해야 하는 것이 노숙의 어려움 중 하나다. 면사무소에서 트랙 30-1 스탬프를 찍고 출발했다.

어제 빨래한 옷을 꺼내 뒷짐에 묶었다. 해맑간 하늘을 보니 기분이 좋아져서 하늘을 향해 그냥 웃었다. 순천로를 따라 송치재 고개를 얼마 올라가지 않았는데 순식간에 먹구름이 몰려와 하늘이 어두워졌다. 비가 오려나. 하늘

▲ '원조 할머니 옛날 순대·국밥집' 외관 및 메뉴

을 보는데 정말 비가 쏟아지기 시작했다. 조변석개 같은 날씨다. 우비를 꺼내 입고 이제야 말라가던 빨래를 짐 속에 다시 욱여넣었다. 빗속에 올라가는데 갑자기 우측 기어가 헛돌았다. 뒷바퀴 스프라켓 끝에 걸린 체인이 땅에 닿을 듯 늘어졌다. 말썽이던 기어 선이 완전히 끊어져 버렸다. 비를 맞으며 어떻게 든 애를 써봤으나 손만 새까매졌다. 오르막길, 서서 패달링을 하다가 내려서 걷다가 다시 페달 질을 하는데 빗물인지 눈물인지 얼굴에 뭔가 흘렀다. 휘어 진 앞바퀴 로터는 브레이크를 잡을 때마다 드르륵거리며 손에 경련을 일으 켰다.

송치고개를 올라가야 했으나 도저히 갈 수가 없었다. 위험하더라도 송치 터널로 통과해서 가기로 했다. 동공같이 검은 터널 구멍 두 곳에서 차들이 쉴 새 없이 들어가고 나왔다. 숨을 몰아쉰 후 터널 안으로 뛰어 들어갔다. 곳곳 이 파인 갓길 바닥에는 빗물이 고여 있었다. 갓길 선만 구명줄처럼 잡고 달렸 다. 조명이 약한 어두운 터널이 마치 고래 뱃속에 들어온 느낌이었다. 뒤에서 차가 질주해오면 소음이 터널에 증폭되어 기괴한 소리로 메아리쳤다.

지옥의 소리가 있다면 이런 소리일까,

몸이 얼어붙고, 정신은 아득해졌다. 목숨을 걸고 달리는 레이싱선수처럼 어둠 속에서 갓길 선만을 붙들고 달렸다. 터널은 길었다. 아니 길게 느껴졌다. 시간이 정지된 것 같은 굴속에서 얼마를 달렸을까. 어느 순간 밝은 빛이 조금씩 보이기 시작했다. 빛에 이끌려 밖에 나왔다. 아니 빛이 나를 끌어내었다. 비가 더 거세게 내렸다. 큰 쉼을 한참 몰아 쉬었다.

이제부터는 내리막이다. 터널 아래 버스정류장에서 순천시 자전거 가게를 찾아보았다. 가장 가까운 가게는 순천소방서 옆에 있는 리콘바이크 순천광양점이었다. 전화해서 사정을 이야기하니 사장님이 일단 와 보라고 한다. 들러야 하는 트랙 31 학구마을은 전혀 생각도 하지 못했다.

▲ 몸도 마음도 따스했던 리콘바이크 순천광양점

▲ 장거리 사이클링에 아주 긴요하게 쓰이는 사라진 손 장갑 한쪽을 발견하다.

  빗물을 떨구며 자전거 가게에 들어갔다. 인상 좋아 보이는 사장님이 내 꼴을 보더니 먼저 따뜻한 믹스커피 한 잔을 타서 주었다. 따뜻한 마음 때문인지, 커피 때문인지 송치재를 넘어오며 굳었던 마음과 몸이 풀리며 아슴아슴 나른함이 몰려왔다.

  사장님이 자전거를 이리저리 살피더니 기어 선을 교체해야 하는데 인터널 방식이라 시간이 좀 걸릴 수도 있다고 했다. 프레임 안에서 선을 넣어보았는데 다행히도 잘 들어가서 교체가 수월하게 되었다. 여원재에서 탈출하면서 찢어진 바테입도 교체를 했다. 사장님은 산악자전거를 탔었는데 지금은 가게 때문에 거의 다니지 못해서 아쉽다고 했다. 순천시에는 로드 자전거 동호회는 많지 않고, 산악자전거 동호회는 수십 개가 될 정도로 활발하다고 했다. 순천에는 수도권과는 달리 로드 자전거를 탈 만한 평지 도로가 많지 않아서 그렇다고 한다.

　자전거를 타시던 분이어서 라이더의 입장에서 불편할 만한 곳을 먼저 찾아 수리해 주었다. 휘어버린 로터를 어떻게 해야 하나 고민을 하고 있었는데, 사장님이 중고 로터가 하나 있는데 무상으로 교체해 줄 테니 쓸 수 있을 때까지 써 보라고 했다. 로터를 교체하고, 전체적으로 테스트를 해보고 체인에 기름칠을 하고 나서 수리가 모두 끝났다. 사장님은 마치 자기 자전거처럼 수리하고 공임비도 안 받고 재료비만으로 계산해준 것도 고마운데 문을 나서는 내게 꼭 도전에 성공하라고 응원해주었다. 정말 고맙고 마음이 따뜻해졌다. 자전거 부품으로 가득 찬 가게는 비좁았지만, 크고 안락한 카페에서 쉰 것보다 더 몸과 마음의 힐링이 되었다. 다시 전진할 힘을 얻었다.

　기어가 잘 내려가니 빗속에서도 기분이 괜스레 좋아졌다. 인근 김밥집에서 스마트폰 충전을 하려고 충전기를 꽂는데 잘 안 들어가서 보니 플러그 끝이 휘어져 있었다. 마트에서 새 충전기를 샀는데 2만 원이 넘었다. 생각지도 않은 지출이다. 경비를 악착같이 아껴야겠다고 굳게 마음을 먹은 것은 아니지만 생각지도 않은 지출이 계속 나갔다.

　김밥을 먹고, 순천시 구도심에 있는 옥리단길에 갔다. '~리단길'이란 말은 쇠퇴한 구도심 구역에 갤러리, 카페와 공방 등 문화 예술 가게들이 들어오면서 전통과 새로움이 어울려 다시 활력을 찾은 지역을 말한다. 2010년대부터 전국적으로 여러 도시에서 생기기 시작했다. 1990년대 뉴욕 브루클린의 레드훗 등과 같은 자연 발생적인 한국판 도심 재생 사례로 보면 될 것 같다. 서울의 망리단길, 경주의 황리단길, 전주의 객리단길 등이 이름난 곳이다. 순천에는 옥천 주변에 있는 옥리단길이 있었다.

▲ 옛 정취가 분위기 물씬 풍기는 순천 옥리단길 주변 풍경

　빗속을 달려 그곳에 가는 이유는 단지 맛있는 커피를 마시고 싶어서였다. 커피는 순례길의 즐거운 동반자였다. 옥리단길에서 필터 커피를 하는 집을 검색해보니 서울에서 어디선가 본 적이 있는 '찬스 커피'가 있었다. 커피가게로 가는 옥천 옆 공마당길은 전망이 좋았다. 한옥 지붕 뒤로 피어 있는 분홍 꽃들이 하늘거리고 두 개의 교회 탑이 회색 도화지 같은 하늘에 뾰족이 솟아 있었다. '찬스 커피' 사장님은 스킨헤드다. 처음 보면 조금 험상궂어 보이기도 하지만 말을 섞어보니 대화하기 좋아하는 사람이라는 걸 금방 알 수 있었다. 넓은 통유리창에서 보는 거리 모습이 커피 맛을 돋웠다.

　커피가게를 나와서 주위를 둘러보는데, 낮고 아담한 건물들을 품은 길이 참 예쁜 것이 옥리단길이라 불릴만했다. 찬스 커피 사장님은 이곳이 서울의 서촌과 비슷하다고 했는데, 어찌 되었거나 예쁜 거리다. 봄에는 벚꽃이 많이 핀다고 하니 봄에 오면 더 좋겠다.

트렉 32 스탬프함이 있는 순천서면 우체국으로 가는 길에 폭우가 다시 쏟아졌다. 동천강 자전거길을 달렸다. 동천 둔치에 콘크리트 처마를 길게 내어 놓았는데, 주민들이 그곳 아래에서 운동도 하고 폭우를 구경하고 있었다. 소리가 요란한 강물을 보다가 고개를 돌려 처마 아래 모인 사람들을 바라보니 왠지 이 빗속을 달리는 것이 신났다. 마치 내가 영화 속의 주인공이 된 것처럼 허리를 펴고 나보란 듯이 달렸다.

저분들은 이 빗속을 달려가는 내가 어떻게 보일까. '미친놈? 하. 하.'

하지만, 즐거움은 여기까지였다. 예상치 않은 사건은 순천서면 우체국에서부터 시작되었다. 굵은 비를 뚫고 서면 우체국에서 스탬프를 찍고 옛 송치고개길로 가려는데, 올 때 건너뛰었던 학구마을이 그제야 생각났다. 이런 31번을 빼 먹었잖아. 그냥 갈 수는 없는 일. 지도를 보니 학구마을이 백의종군로 경로에서 많이 벗어나 있었다. 어떻게 된 거지. 분명히 학구마을회관이라고 되어 있는데 뭔가 이상했다. 더 확인을 해보아야 하는데 폭우 속에 스마트폰을 더 볼 수가 없었다. 주위를 둘러봐도 어디 하나 비 피할 만한 곳이 없었다. 에라, 모르겠다. 학구마을로 가자.

스마트폰 지도에서 추천한 경로를 따라 산속에 들어섰는데, 동막골 같은 산속 마을이 나타났다. 비월마을이었다. 마을 길은 이상하게 경사가 심했다. 골짜기를 따라 집들이 가끔씩 나타났다. 길이 맞나 하면서 고개를 갸웃거리

▲ '동막골'과도 같은 분위기의 비월마을의 오르막 산길

는데 뒤에서 밴 차량이 빵빵거리더니 휙 하니 위로 올라갔다. 헉, 차가 여기를 올라간다. 열심히 따라 올라갔다. 곧 고갯마루가 나타나길 기대하면서. 하지만 기다리던 고갯마루는 보이지 않고 경사만 더 심해졌다. 계곡을 따라 계단식 밭과 집들이 하나둘 징검다리처럼 점점이 나타났다. 어떻게 이런 경사에다 집을 짓고 살 수 있을까. 말로만 듣던 화전민 마을의 모습이 여기 있었다. 경이롭다는 생각이 경사를 따라 올라갔다.

　겨우 고갯마루에 올라 계곡 아래를 내려다보니 힘들게 올라온 비월마을이 한눈에 보였다. 마치 수백 미터나 되는 가는 폭포 줄기가 흘러가듯 마을이 아래로 펼쳐져 있었다. 고갯마루 위에는 넓은 포장도로가 있었는데, 이상하게 도로에는 차가 없었다. 그제야 경로를 이탈한 걸 알았다. 일단, 이 도로

▲ 승주 학구마을에서 자전거 바퀴 펑크로 난처한 상황에 직면하다.

를 올라가서 우회하기로 했다. 오르막을 오르자 활주로 같은 도로가 아래로 내려가는 것이 보였다. 그래, 여기만 내려가면 되겠다. 휠휠 신나게 내려오는데 얼마 가지 않아 앞이 막혔다. 막힌 길에 튕겨 돌아나 오는 순간 이크, 또 펑크가 났다. 바람이 빠지듯이 몸에서 힘이 빠졌다. 학구마을에 가려면 한참을 더 가야 하는데…….

길 아래로 내려와서 자전거 앞바퀴를 빼고 바람을 넣었다. 작업에 열중하고 있는데 뒤통수가 따가웠다. 하늘엔 언제 비가 왔냐는 듯이 해가 장난스럽게 얼굴을 내밀었다.

학구마을까지는 어떻게든 가보기로 하고, 실타래처럼 얽히고설켜 있는 마을과 마을 길을 돌고 돌아서 드디어 목적지에 도착했다. 그런데 있어야 할 스탬프가 보이지 않았다. 지나가는 주민들에게 물어보니 위에 새로 지은 마을회관이 있다고 해서 다시 올라가니 새로 지은 마을회관이 보였다. 새 마을회관을 한 바퀴를 돌았는데도 스탬프가 없었다. 어떻게 된 거야. 마을회관에서 기웃거리고 있는데 아래에서 오토바이 한 대가 올라왔다. 백의종군로 스탬프를 찾는다고 했더니, 학구마을 회관에 있는 것이 맞냐고 물었다. 틀림없이 그렇다고 했더니, 본인이 마을 이장인데, 여긴 그런 것은 없다고 하면서 혹시 다른 학구마을이 아니냐고 하는 것이 아닌가. 헉, 학구마을이 하나가 아니었나. 이장은 이곳은 승주읍 학구마을이고, 다른 학구마을은 서면에 있다고 했다. 안쓰럽게 나를 바라보는 이장을 뒤에 두고 마을을 맥없이 되돌아 나왔다. 이순신 장군을 다시 찾았다.

'장군께 아뢰오. 마을을 잘못 찾아왔습니다.'
'뭣이라!'
'학구마을 회관이 이 지역에 2개가 있었습니다. 하나는 승주읍에 있고, 또 다른 하나는 서면에 있사온데, 승주읍에 있는 학구마을을 서면 학구마을로 잘못 알고 장군을 모셨습니다. 장군, 이 죄를 어찌하오리까?'
'음, 지난번에도 다른 고개를 올라가서는 이 고개가 아닌가벼 하더니 이번에는 이 마을이 아닌가벼 그러는 게냐.'
'장군, 가는 길이 급박하오는데, 소인이 반복해 실수하니 이 죄를 어찌 하오리까?'
'음……. 나는 본시 책임을 회피하거나, 성실하지 못하면 그 죄는 용서하지 않지만, 덜렁이 찰방은 열심히 하다 그런 것이니 내 죄를 따로 묻지는 않겠다, 앞으로 가는 길에 최선을 다해라.'
'네, 장군, 이 목숨 바쳐 최선을 다하겠습니다.'
승주읍 학구마을에서 내려오는 길에서 다시 펑크가 났다. 아~ 벌써 몇 번

째야. 펑크 수리를 위해 튜브를 교체하려고 바퀴를 빼고, 바람을 넣고 있는데 이번에는 굵은 빗방울이 뒤통수를 때린다.

뭐야, 이건 뭐야. 비다. 비. 하필 이때, 흑······.

순식간에 주변은 다시 물바다가 되고, 황급히 바퀴를 자전거에 밀어 넣었다. 다행히 자전거는 굴러 갔다. 빗길을 달려서 되돌아가는데, 길 건너 몸빼바지를 입은 할머니가 마치 옆집 마실을 가듯 폭우 속에서 유유히 걸어갔다. 나는 장대비에 혼비백산해서 허둥지둥거리고 있는데, 할머니의 저 여유는 어디서 나오는 걸까.

달리다 보니 배에서 꼬르륵 소리가 났다. 승주면에 있는 칼국숫집에 들어가서 냉콩국수를 먹었다. 왜 냉으로 주문했을까, 이한 치한도 아니고, 몸은 젖어서 사시나무처럼 떨면서, 거의 제정신이 아니었다.

▲ 승주 학구마을에서 우중에 보행기에 의지해 유유자적 거니는 한 노파

빗길에서 아까 대충 밀어 넣은 앞바퀴 느낌이 싸했다. 다시 펑크가 난 것일까. 바퀴에 바람은 빠져 있는 것도 같은데, 어찌어찌 굴러 갔다. 벌써 지나갔어야 하는 학구마을회관 근처에도 가지도 못하고, 승주초등학교에 정신없이 들어갔다. 건물 처마 아래 텐트를 폈다.

오늘 신세도 젖은 낙엽처럼 처량했다. 몸도 마음도 자전거도 고달팠다. 고

▲ 저녁 무렵 비 내린 이후 승주초등학교 교정

단 기어로 오른 송치재 고개도, 고래 뱃속 같던 송치터널도, 하늘길 같은 비월마을도, 이곳이 아닌가벼 하던 학구마을도, 연타로 맞은 자전거 펑크도, 힘들고 또 힘들었다. 하지만 모두 좋지 않았던 것은 아니다. 비월마을을 만난 건 한편으론 좋았다. 옛 화전민 마을처럼 깊은 골짜기를 따라 층층이 계단을 만들고 아슬아슬하게 지은 외딴집들과 정성스럽게 일군 경작지를 보며 사람이 참 대단하구나, 감탄이 절로 나왔었다. 길은 잘못 들었고 펑크도 났지만, 그곳 마을을 보니 좋았다.

초등학교에는 야외 세면장이 보이지 않았다. 물통 바닥에 찰랑거리는 물로 겨우 얼굴에 찍어 발랐다. 텐트 안이 아마존 습지처럼 눅눅했다. 옷을 홀딱 벗고 자다가 새벽에 무언가에 깼다. 몸이 으슬으슬 춥고 경련이 일어났다. 비몽사몽 간에 옷을 주섬주섬 챙겨 입었다. 이번 여행은 여기가 마지막일까.

내일 더 갈 수 있을까. 백의종군로의 끝에 못 서게 되는 것일까. 밤새 오한에 오들오들 떨었다.

난중일기

4월 28일 [무자]
맑음. 아침에 원수(권율)가 또 군관 권승경을 보내어 문안하였다. 이에 전언하기를, "상중에 몸이 피곤할 것이니, 몸이 회복되는 대로 나오라."고 하며, "이제 들으니 친절한 군관이 통제영에 있다하니, 편지와 공문을 보내어 나오게 하고 데리고 가서 간호하게 하라."는 편지와 공문을 작성해 갖고 왔다. 부사(순천부사 우치적)의 소실이 세상을 떠났다고 한다.

4월 29일 [기축]
맑음. 신 사과(신정)와 방응원이 와서 만났다. 병사(이복남)도 원수의 의논을 들을 일로 관부에 들어왔다고 한다. 신 사과와 함께 이야기했다.

4월 30일 [경인]
아침에 흐리고 저물녘에 비가 내렸다. 아침 식사 후에 신 사과(신정)와 함께 이야기하였는데, 그는 병사(이복남)가 남아서 술을 마시게 했다고 했다. 병사 이복남이 아침 식사 전에 보러 와서 원균에 대한 일을 많이 말했다. 전라 감사(박홍로)도 원수에게 왔다가 군관을 보내어 안부를 물었다.

5월 1일 [신묘]
비가 계속 내렸다. 신 사과(신정)가 머물러서 대화하였다. 순찰사(박홍로)와 병사(이복남)는 원수(권율)가 임시 거처하는 정사준의 집에 함께 모여서 머물며 술을 마시고 매우 즐거워한다고 하였다.

5월 2일[임진]

늦게 개었다. 원수(권율)는 보성으로 가고, 병사(이복남)는 본영으로 갔다. 순찰사(박홍로)는 담양으로 가는 길에 와서 만나고 돌아갔다. 순천 부사(우치적)가 와서 만났다. 진흥국(陳興國)이 좌수영으로부터 와서 눈물을 흘리며 원균의 일을 말했다. 이형복(李亨復)과 신홍수(申弘壽)도 왔다. 남원의 종 끗석[唜石]이 아산집에서 와서 어머님의 혼령을 모신 자리가 평안하시다고 전하고, 또 변유헌은 무사히 식구들을 거느리고 금곡에 도착했다고 전하였다. 홀로 빈 동헌(순천부)에 앉아 있으니, 비통함을 어찌 견디랴.

5월 3일[계사]

맑음. 신 사과(신정), 응원(방응원), 진흥국이 돌아갔다. 이기남(李奇男)이 와서 만났다. 아침에 둘째 아들 울(蔚)의 이름을 열(葆)로 고쳤다. 열(葆)의 음은 열(悅)이다. 싹이 처음 생기고 초목이 무성하게 자란다는 뜻이니 글자의 뜻이 매우 아름답다. 늦게 강소작지(姜所作只)가 보러 왔다가 곡을 했다. 오후 4시경에 비가 뿌렸다. 저녁에 고을 수령(우치적)이 와서 만났다.

5월 4일[갑오]

비가 내렸다. 오늘은 어머님의 생신이다. 애통함을 어찌 견디랴. 닭이 울 때 일어나 앉으니 눈물을 드리울 뿐이다. 오후에 비가 크게 내렸다. 정사준이 와서 종일 돌아가지 않았다. 이수원(李壽元)도 왔다.

5월 5일[을미]

맑음. 새벽꿈이 매우 어지러웠다. 아침에 부사(우치적)가 와서 만났다. 늦게 충청 우후 원유남이 한산도에서 와서 "원공의 흉포하고 패악함"을 많이 전하고, 또 진중의 장졸들이 이탈하여 반역하니, 그 형세가 장차 어찌 될지 모르겠다고 말하였다. 오늘은 단오절인데 천 리 되는 천애의 땅에 멀리 와서 종군하여 어머니의 장례도 못 치르고 곡하고 우는 것도 마음대로 못하니, 이 무슨 죄로 이런 앙갚음을 받는 것인가. 나와 같은 사정은 고금(古今)에 둘도 없을 터이니, 가슴 찢어지듯이 아프다. 다만 때를 만나지 못한 것이 한스러울 뿐이다.

5월 6일[병신]

맑음. 꿈에 돌아가신 두 형님을 만났는데, 서로 붙들고 통곡하면서 말씀하시기를, "장사를 지내지도 못하고 천 리 밖에서 종군하고 있으니, 누가 그것을 주관한단 말인가. 통곡한들 어찌하리오."라고 하셨다. 이것은 두 형님의 혼령이 천 리 밖까지 따라와서 이토록 걱정한 것이니 비통함이 그치지 않는다. 또 남원의 감독하는 일을 걱정하시는데, 그것은 모르겠다. 연일 꿈이 어지러운 것도 죽은 혼령이 말없이 걱정하여 주는 터라 깊은 애통함이 간절하다. 아침저녁으로 그립고 비통함에 눈물이 엉겨 피가 되건마는, 하늘은 어찌 아득하기만 하고 내 사정을 살펴주지 못하는가. 어찌하여서 죽지 못하는가. 늦게 능성현령 이계명(李繼命)이 역시 상중에 벼슬한 사람인데, 와서 만나고 돌아갔다. 흥양의 종 우놈쇠(禹老音金), 박수매(朴守每), 조택(趙澤)이 순화의 처와 함께 와서 만났다. 이기윤(李奇胤)과 몽생(夢生)이 오고 송정립, 송득운도 왔다가 바로 돌아갔다. 저녁에 정원명이 한산도에서 돌아왔는데, 흉악한 자(원균)의 소행을 많이 이야기했다. 또 들으니 "부찰사(한효순)가 좌수영으로 나와서 병 때문에 머무르며 조리한다"고 했다. 우수백(이억기)이 편지를 보내어 조문했다.

5월 7일[정유]

맑음. 아침에 정혜사(定惠寺, 순천 계족산)의 승려 덕수(德修)가 와서 미투리 한 켤레를 바쳤으나 거절하고 받지 않았다. 두세 번 드나들며 고하기에 그 값을 주어 보내고 미투리는 바로 정원명에게 주었다. 늦게 송대기(宋大器)와 유몽길(柳夢吉)이 와서 만났다. 서산 군수 안괄(安适)도 한산도에서 와서 흉악한 공(원균)의 일을 많이 말했다. 저녁에 이기남이 또 오고 이원룡은 수영(좌수영)에서 돌아왔다. 안괄(安适)이 구례에 갔을 때 조사겸(趙士謙)의 수절녀(아내)를 사통하려 했으나 하지 못했다고 한다. 매우 놀랍다.

5월 8일[무술]

맑음. 아침에 승장 수인(守仁)이 밥 지을 승려 두우(杜宇)를 데리고 왔다. 종 한경(漢京)은 일 때문에 보성으로 보냈다. 흥양의 종 세충(世忠)이 녹도에서 망아지를 끌고 왔다. 활 만드는 장인 이지(李智)가 돌아갔다. 이날 새벽꿈에 사나운 범을 때려잡아서 가죽을 벗기고 휘둘렀는데, 이건 무슨 징조인지 모르겠다. 조종(趙琮)이 이름을 연(璭)으로 고치고 와서 만났고 조덕수(趙德秀)도 왔다. 낮에 망아지에 안장을 얹어 정상명이 타고 갔다 흉악한 원균이 편지를 보내어 조문하니, 이는 곧 원수(권율)의 명령이었다. 이경신(李敬信)이 한산도에서 와서 흉악한 원균의 일에 대해 많이 말하였다. 또 말하기를 "그가(원균) 데리고 온 서리를 곡식을 교역한다고 구실삼아 육지에 보내놓고 그 아내를 사통하려 하였는데, 그 여인이 발악하여 따르지 않고 밖으로 나와 고함을 질렀다."고 했다. 원(원균)이 온갖 계략으로 나를 모함하니 이 또한 운수로다. 짐을 실은 것이 서울 가는 길에 연잇고 나를 훼방하는 것이 날로 심하니, 스스로 불우함을 한탄할 따름이다.

5월 9일[기해]

흐림. 아침에 이형립(李亨立)이 와서 만나고 바로 돌아갔다. 이수원이 광양에서 돌아왔다. 순천의 과거급제자 강승훈(姜承勳)이 응모해 왔다. 부사(우치적)가 좌수영에서 돌아왔다. 종 경(京)이 보성에서 말을 끌고 왔다.

5월 10일[경자]

굳은비가 내렸다. 오늘은 태종의 제삿날이다. 오늘은 예로부터 비가 내렸으니, 늦게 큰 비가 내렸다. 박줏생(朴注叱生)이 와서 인사했다. 주인이 보리밥을 지어서 내왔다. 장님 임춘경(任春景)이 운수를 미루어 셈하려고 왔다. 부찰사(한효순)도 조문하는 글을 보내왔다. 녹도 만호 송여종이 삼(麻)과 종이 두 종류를 보냈다. 전라 순찰사(박홍로)는 백미, 중미 각 10말에다 콩과 소금을 얻어다가 군관을 통해 보낸다고 말했다.

5월 11일[신축]

맑음. 김효성이 낙안에서 왔다가 바로 돌아갔다. 전 광양현감 김성(金惺)이 체찰사(이원익)의 군관을 데리고 화살대를 구할 일로 순천에 왔다가 나를 보러 왔다. 소문을 많이 전하는데, 그 소문이란 것은 모두 흉악한 자(원균)의 일이었다. 부사(부체찰사 한효순)의 통지가 왔다. 장위(張渭)가 편지를 보냈다. 정원명이 보리밥을 지어서 내왔다. 장님 임춘경이 와서 운수를 추산하는 것에 대해 말했다. 부사가 순천부에 도착하자, 정사립과 양정언이 와서 부찰사가 와서 보기를 원한다고 전했으나 나는 몸이 불편하다고 거절했다.

5월 12일[임인]

맑음. 새벽에 이원룡을 보내어 부사(한효순)에게 문안했더니, 부사(한효순)도 김덕린을 보내어 문안했다. 늦게 이기남과 기윤이 보러 왔다가 도양장으로 돌아간다고 고했다. 아침에 아들 열(葆)을 부사에게 보냈다. 신홍수(申弘壽)가 보러 와서 원공(원균)에 대해 점을 쳤는데, 첫 괘인 수뢰둔(水雷屯,)이 변하여 천풍구(天風姤)가 되니, 용(用)이 체(體)를 극(克)하는 것이라 크게 흉하였다. 남해 현령(박대남)이 조문 편지를 보냈다. 또 여러 가지 물품을 보냈는데, 쌀 2섬, 참기름 2되, 꿀 5되, 조 1섬, 미역 2동이다. 저녁에 향사당에 가서 부사(한효순)와 함께 밤늦게 이야기하고 자정 경에 숙소로 돌아왔다. 정사립과 양정언 등이 와서 닭이 운 뒤에 돌아갔다.

5월 13일[계묘]

맑음. 어젯밤에 부사(한효순)가 이르기를, "상사(이원익)가 보낸 편지에 영공(이순신)의 일에 대해 많이 탄식했다."고 한다. 늦게 정사준이 떡을 만들어 왔다. 부사(우치적)가 노자를 보내주니 매우 미안하였다.

5월 14일[갑진]

맑음. 아침에 부사(우치적)가 와서 만나고 돌아갔고, 부사(한효순)도 출발하여 부유(순천 창촌)로 향했다. 정사준, 정사립, 양정언이 와서 모시고 가겠다고 고하기에 아침밥을 먹고 길에 올라 송치(순천 학구리) 밑으로 가서 말을 쉬게 하고, 혼자 바위 위에 앉아서 한동안 곤하게 잤다. 운봉의 박롱(朴蘢)이 왔다. 저물녘 찬수강(구례 신촌강)에 이르러 말에서 내려 걸어서 건너가 구례현의 손인필의 집에 가니, 현감(이원춘)이 바로 보러 왔다.

백의종군로 자전거 순례 10일
하동, 아~ 지리산이여! 섬진강이여!

육신은
안 아픈 곳이 없다

(승주초) ▶ 학구마을회관 ▶ 동해마을 입구 주막집 ▶ 구례종합운동장 정자 ▶ 운조루 앞
▶ 오미정 ▶ 석주관 ▶ 화개장터 관광안내센터 ▶ 최참판댁 파란들빵 카페 ▶ 하동 흥룡마을회관
▶ 하동 두곡마을회관 ▶ (하동초)

8.4 (목)

- 시간 16 : 00h
- 거리 103.1km
- 트랙 31,33,34,34-1, 35,35-1,36,37,38
- 날씨 구름 조금
- 기온 32.6 - 27.7 °C
- 야영 하동초등학교

백의종군로 자전거 순례 11일 〉 하동, 아~ 지리산이여! 섬진강이여!

육신은 안 아픈 곳이 없다

　새벽, 어젯밤의 오한이 아득히 멀게만 느껴졌다. 어둠에 스러졌던 의지는 돋을볕에 다시 깨어났다. 물이 고여있는 운동장 뒤로 피어오른 안개가 햇살에 하얗게 빛나고 있었다. 오늘은 22번 국도를 지나 진짜 학구마을을 거쳐 구례로 돌아갈 예정이다.

　여행 11일째, 몸은 안 아픈 곳이 없고 굴렁이와 짐도 온통 상처투성이다. 장군도 하동에 이르러 많이 아파서 길을 가지 못했다고 했다.

　소설가 김훈의 '자전거 여행'이란 책을 좋아해서 여러 번 읽었다. 김훈은 1999년 가을부터 2000년 여름까지 남녘 여러 곳을 자전거로 다니면서 여행기를 썼다. 자전거 이름은 '풍륜' 이었다. 김훈은 지나간 길 전체를 쓰지 않았다. 하나의 주제가 되는 대상을 세밀히 살피고 느낌과 생각을 간결하고 심미적으로 표현했다. 만경강에 관해 쓴 글은 특히 좋았다.

▲ 산자락에 피어나는 멋진 운무

하루를 마치고 텐트 안에 누워 글을 써보려 하지만 잘 써지지 않았다. 그래도 썼다. 이 글이 누군가에게 앞서간 발자국이 되기를 바라면서. 오늘은 어디까지 갈까. 무슨 일이 일어날까. 먼발치 산 아래에서 안개가 은근히 피어올랐다. 오늘 낮의 해는 여전히 강하고 무척이나 더울 것이다. 그저 낙관적인 마음으로 바퀴 앞 1m 만 보고 전진할 뿐이다.

일단 학구마을에 가자. 굴렁아, 오늘도 '파이팅'이다.

국도 22번 도로에는 사평터널과 수릿재터널이 있는데, 차가 없어서 수월하게 통과할 수 있었다. 도로 좌우로 야트막한 산이 아침의 여린 햇살을 받아 푸르고 투명했다. 길옆 마을에는 스머프 마을처럼 집들이 옹기종기 모여 있다. 갓길이 넓지 않아도 달리기가 좋았다. 국도 17번 순천로를 가로질러 학구마을로 들어갔다. 옆에 흐르는 순천 서천이 마치 작은 섬진강을 보는 듯했다.

맑은 강물이 바닥의 조약돌을 어루만지며 돌돌 흘렀다.

　이순신 장군은 음력 5월 14일 일찍 밥을 먹고 순천에서 황전면으로 가는 길에 학구에서 말을 쉬게 하고, 바위에서 곤히 잠을 잤다고 난중일기에 썼다. 일기를 보면 장군이 밤에 잠을 못 이룬 날이 많이 나오는데, 이곳에선 장군도 마음이 편했는가 보다. 인걸은 간 곳 없지만, 강물은 장군이 이곳을 지나갔을 때나 지금이나 여전히 반짝이며 흘러가고 있다.

　진짜 학구마을회관에서 트랙 31 스탬프를 찍고 순천로를 따라 황전면에 다시 올라갔다. 백의종군로는 학구마을회관 뒷길에 있는데 사유지로 일부 막혀 있다고 해서 다시 국도 17번으로 나와 송치터널을 지나가야 했다. 도보 여행자들은 우회로로 순천자연휴양림으로 간다고도 했다. 어제 송치터널의 무서운 기억이 다시 생각났지만, 정면 돌파 이외에는 다른 길이 없었다.

개천이 참 맑은 진짜 학구마을 전경

▲ 널찍한 코펠에 물을 끓여 원두커피를 　　▲ 지나기가 무서운 송치터널로 향하는 오르막길
　내려 먹는 커피 애호가의 면모

　송치터널 오르막은 생각보다 완만했다. 얼마지 않아 악마가 입을 벌리고 있는 것 같은 검은 구멍 두 개가 나타났다. 송치터널이다. 아침이어서 그런지 차가 어제만큼은 아니었지만 심심찮게 지나갔다. 터널 안의 검은 심연에 다시 빠졌다. 터널 안에서 메아리치는 소리는 여전히 고통스럽고 괴로웠다. 터널 밖에 나오니 동녘의 햇살이 얼굴에 쏟아졌다.

　빗속에서 무겁게 올라오던 그 오르막은 어디로 간 것일까. 악몽 같았던 국도 17번 길이 이렇게 아름다워 보이는 건 왜일까.

　날개를 활짝 펴고 활공하는 훨훨 가볍게 내려갔다. 처한 상항에 따라 나쁜 것이 좋을 것이 될 수도, 또 그 반대도 될 수도 있다. 절대적인 것이 어디 있을까, 세상은 이와 같아 절대적인 것은 없었다.

　다시 본 황전면은 익숙했다. 할머니 옛날 순댓국밥집에 또 갔다. 지난번과 달리 괴목나무장 입구에는 천막이 쳐 있고, 삼거리에는 할머니들이 좌판을 깔아놓고 있었다. 좌판에는 갖가지 산나물과 과일이 소복이 담겨있었다. 오늘 무슨 날인가?

국밥집에서 물어보니 괴목장이 서는 날이라고 한다. 괴목장은 매월 4일과 9일에 서는데, 인근 마을의 할머니들이 채취하거나 기른 나물 등을 가지고 와서 길거리에서 판다고 했다. 예전만 해도 이 근방에서 꽤 큰 시골 장터였다는데, 지금은 손님은 많지 않았다. 요새는 장터가 열리는 황전면에는 맛집이 많아서 식도락가가 많이 찾아온다고 했다. 오늘 국밥도 여전히 맛이 좋았다.

▲ 황전면 괴목장 노점 좌판

5일 장이 열린 황전면 소재지

황전면에서 트랙 33 이정표가 있는 동해마을 입구 주막집으로 가는 길은 돌아가야 하지만 자전거 펑크가 날까 봐 국도 17번을 계속 가기로 했다. 구례 1교에서 섬진강을 만났다. 부드러운 파동을 그리며 산들은 앞으로 달려가고, 섬진강은 산 사이를 넓게 흐르다가 멀리 산자락이 모이는 곳에서 소멸했다.

넓은 도로를 혼자 독차지하며 달릴 때가 가장 즐거웠다. 구르르……. 오직 바퀴 구르는 소리만이 들려오고 오롯이 만물에 집중할 수 있을 때이다. 지금이 바로 그때다. 양털 구름이 엷게 낀 하늘은 마치 세수를 한 듯 맑았다. 강폭이 넓어진 섬진강은 몽돌 깔린 강바닥을 돌 돌 돌 흐르다가 여울을 만나면 하얀 몸을 뒤적이며 앞으로 달려나갔다. 천근처럼 무겁던 마음은 어디론가 사라지고 즐거운 마음만이 가볍게 강을 따라 흘렀다.

강 건너 동해 벚꽃로는 봄에는 벚꽃이 터널을 이루는 아름다운 라이딩 코스다. 지금은 녹음이 우거져 있지만, 꽃비 내리는 봄날에 달리는 상상만 해도 입가에 상그레 미소가 돌았다. 동해마을을 지나 두꺼비 다리가 나왔다. 다리 이름은 섬진강의 신령한 동물인 두꺼비에서 따 왔다. 1385년 고려 우왕 때 섬진강 하구에서 왜구들의 노략질이 극심할 때 수십만 마리의 두꺼비 떼가 울부짖어 왜구가 도망을 갔다고 한다. 그때부터 강 이름을 한자로 두꺼비를 뜻하는 '섬(蟾)' 자를 붙여 섬진강이라고 불렀다.

이순신 장군은 음력 5월 14일에 섬진강을 건너 구례현 손인필 집까지 갔다.

장군은 섬진강을 건너며 어떤 생각을 했을까, 장군도 이 강에서 멀리 산과 강이 하나가 되어 소실되는 곳을 바라보았을까,

갑자기 섬진강물에 발을 담그고 싶어졌다. 다시 구례 읍내다. 손수건을 사기 위해 구례 상설시장 입구에 있는 '쌍방울직매점'에 들렀다. 가게에서 손수건과 속옷을 하나씩 샀다. 사장님은 구례에 시집와서 40여 년을 이 가게에서만 장사했다고 했다. 꽃 같았을 새댁의 얼굴에는 이제 세월의 주름이 가득하다.

구례상설시장은 2008년에 리모델링을 했다. '속 커피숍'·'풍년 마트' 같은 간판 이름들이 마치 '응답하라 1988' 드라마에 나오는 이름처럼 정겹기만 하다. 할머니들이 좌판을 놓고 농산물을 파는 거리에는 오가는 사람들이 별로 없었다. 이곳에서도 쇠락해가는 읍내의 모습이 느껴졌다. 구례읍에서 많아

진 건 차뿐이다. 읍내 주도로인 봉성로는 2차선인데, 종종 좁은 도로에 차들이 엉켜 있곤 했다. 길은 오래전 그대로인데, 차가 많아져서 그렇다.

몽키 브랜드 커피가게에 다시 들렀다. 구면인 가게 주인 누나가 반갑게 맞아주었다. 동쪽 창에 드는 아침 햇빛이 가게 안에 밝게 스며들었다. 나무 탁자에 올려놓은 커피잔이 밝고 은은히 빛났다. 쉼표가 되는 순간, 몸이 기분 좋게 풀어졌다.

구례 읍내를 벗어나기 전에 자전거에 바람을 넣으러 갔다. 읍내에는 자전거 가게 두 개가 있었는데, 하나는 '알톤 구례점'이고, 다른 하나는 '삼천리자전거'이다. 알톤 구례점은 40년이나 된 노포(老鋪: 대대로 물려 내려오는 오래된 점포)이다. 가게에는 자전거보다 손수레를 끌고 오는 사람이 더 많았다. 농장에서 쓰는 손수레 타이어를 교체하러 트럭에 싣고 온 아저씨, 폐지를 담은 손수레를 끌고 온 노인 부부, 라이더 복장을 요란하게 차려입은 할머니……. 알톤 구례점은 다양한 탈 것과 끌 것이 모이는 구례의 색다른 표정이다.

▲ 구례읍 소재지의 자전거 노포 등 거리 풍경

이순신 장군은 음력 5월 14일에 구례에 돌아와서 5월 26일까지 12일간을 머물렀다. 구례 현감 이원춘과 수일에 걸쳐 깊은 이야기를 나누었고, 제찰사 이원익을 성 밖에서 만나 나랏일을 늦도록 의논했다. 제찰사의 요청에 따라 남해안 해안지도를 그려 주고, "돈만 있으면 죽은 사람 넋도 찾아온다"라며 난리 통에 죄없이 벌을 받는 사람들을 안타까워했다. 많은 장수와 관리들이 구례에서 이순신 장군을 만나고 남으로 북으로 갔다.

▲ 오미리의 급경사길

오미마을에 있는 운조루로 향하는 길, 오랜만에 맑고 넓은 들판이 펼쳐졌다. 토지면 곰내리에서 오미리 들판을 가로질러 올라가는데 어디선가 돌돌 거리는 소리가 들렸다. 물소리였다. 작은 물길이 논틀길(논두렁 위로 난, 꼬불꼬불하고 좁은 길)을 따라 흘러가고 있었다. 논에서는 바람에 흔들리는 벼들 사이에서 쏴아 쏴아 하는 물소리가 났다.

가슴이 탁 트이는 멋진 오미리 일대 풍경

하동으로 가는 국도 19번 섬진강대로를 건너 오미마을에 있는 운조루로 올라갔다. 운조루에서 석주관까지는 백의종군로, 조선수군재건로, 지리산둘레길 16구간(오미→송정) 등이 중첩된 길이다.

운조루는 조선왕조 영조 52년, 삼수부사를 지낸 유이주가 지은 99칸 고택으로 '구름 속을 나는 새가 사는 집'이란 뜻으로 도연명의 '귀거래사"에서 유래된 이름이다. 누구든지 필요하면 쌀을 마음대로 가지고 가라는 뜻의 '타인능해(他人能解)'가 적힌 쌀독으로도 유명하다. 사회 지도층의 노블레스 오블리주의 표상이라고 할 만하다. 운조루가 있는 오미리는 풍수지리 관점에서 '금환락지'라고 불리는 명당으로 조선 3대 길지라고도 했다. 운조루 위에 있는

▲ 운조루 뒤 정자

오미정자에는 물이 콸콸 나오는 수돗가가 있었고 넓은 정자 천장에서는 선풍기 두 대가 쌩쌩거리며 돌아가고 있었다. 수돗가에서 등목(바닥에 엎드려서 허리에서부터 목까지를 물로 씻는 것)한 후 정자에 대자로 누웠다. 천장 선풍기에서 세찬 바람이 불어왔다. 온몸이 바람에 출렁였다. 바로 앞 운조루의 지붕 선이 지리산 연봉을 배경으로 파도치듯 너울거렸다. 운조루에서는 청수한 선비가 읊는 시조가 들리는 듯했다. 어디선가 관광객들이 웅성거리며 몰려왔다가 어디론가 다시 몰려갔다.

오미리 들판이 보이는 길 한가운데서는 영화 촬영이 한창이었다. 영화 장비와 사람들이 좁은 길에 뒤엉켜 있었다. 영화에 지나가는 사람으로 나올까 봐 길을 돌아갔다. 석주관 가는 산길 초입은 비월마을의 오르막이 생각날 정도로 경사가 심했다. 한참 올라가니 오미리 들판을 감싸고 있는 지리산 자락의 파노라마가 펼쳐졌다. 가슴이 웅장해지고 뻥 뚫리는 듯했다. 땀을 훔치며 왜 이곳이 금가락지인지 금환락지인지 명당이라 불리는 이유를 알 수도 있을 것 같았다.

들판을 바라보고 있다가 문득 이런 생각이 들었다.

저 풍요로운 들판은 누구의 들판이었을까,

오미리와 구만리 농부들의 땅은 아니었을 것이다. 조선왕조의 중흥기라 불리던 영조 시대 운조루의 양반은 저 넓은 들판을 가진 지주였다. 들판에서 땀을 훔치며 허리가 휘도록 일했을 농부들이 수확한 쌀은 운조루의 쌀독에 쌓였을 것이고, 흉년이 들면 운조루의 양반들은 그 쌀의 일부를 소작민들에게 나누어 주면서 인심을 베풀었을 것이다. 우리는 그것을 지배계층의 품위와 도덕성이라 칭찬하지만, 높은 곳에서 내려다본 풍요로운 들판은 다른 이야기를 하는 것 같았다.

주변 조망이 좋은 능선길을 가는데 헉 소리가 나는 절벽 같은 내리막이 나타났다. 브레이크를 잡으며 내려가는데 자꾸 뒤가 들리는 것 같았다. 중간에 자전거에서 내리고 싶어도 내릴 수가 없었다. 뒤집혀 개울에 처박힐 것만 같아 머리카락이 곤두섰다. 좀 전의 오르막은 여기에 비하면 장난이다. 휴, 겨우 뒤집히지 않고 내려왔다. 뒤를 돌아보니 내려온 길이 마치 절벽에서 한줄기 폭포가 쏟아져 내리는 것 같았다. 더위가 싹 달아났다.

공포의 폭포 옆으로 난 길을 지나니 햇살 잘 드는 너른 구릉지에 전원주택과 무덤들이 간간이 나타났다. 풍수는 일도 모르는 내가 봐도 명당자리였다. 구릉지 앞으로 펼쳐진 경치는 압권이다.

백의종군로에서 이런 경치를 볼 수 있는 곳도 있다니!

몇 개의 전원주택을 지나고 수풀이 무릎까지 무성한 흙길에 도착했다. 지도를 보니 석주관까지는 이런 푸석거리는 길을 두세 번 지나가야 한다. 굴렁이를 끌고 가고 있는데, 갑자기 앞바퀴가 주저앉았다. 또 펑크다. 마지막 남은 튜브로 교체하기 위해 일단 온 길을 되돌아가 쉼터에 도착했다. 혹시 타이어 문제인가 해서 더듬거리며 훑어봤으나 타이어는 문제없었다. 바람을 넣는데, 펌프에서 바람이 새는 소리가 들렸다. 펌프를 분해하니, 고무 패킹 사이로 바람이 새고 있었다.

'아, 사그랑이 펌프여. 왜 이리 말썽이냐. 누굴 탓할 일도 아니다. 미리 점검

을 잘 하지 않은 내 잘못이다.'

푹. 푹. 펌프 바람 새는 소리를 내고 있는데, 승용차 두 대가 부드럽게 앞에 멈춰 섰다.

나이가 지긋한 남자 두 분과 여자 한 분이 차에서 내렸다. 한 사람은 땅 중개업자이고, 다른 둘은 땅 구매자였다. 업자가 땅을 내놓은 사람과 흥정하기 시작했다. 구매자들이 들으라고 전화를 스피커폰으로 해놓아서 어쩔 수 없이 나도 듣게 되었다. 중개업자가 400평을 1억에 팔지 않겠냐고 말을 던지니, 수화기 너머에서 매도자가 밑지고는 못 판다며 버텼다. 중개업자가 다시 1억 500만 원에 하자고 하니, 그것도 어렵다고 서로 '밀당' 했다. 한참을 실랑이하다가 전화를 끊고 나서, 그들은 땅 이야기만 주야장천 하다가 자기들 갈 길로 다시 갔다.

옆에 있는 나는 완전히 투명 인간이었다. 그래, 이곳 경치는 참 좋다. 바로 뒤에 있는 전원주택도 정말 멋있게 생겼다.

이런 곳에 땅을 사서 멋진 주택을 지은 다음 더 높은 가격에 팔려고 하는 거겠지. 팔고 또 팔고, 그럼 그 집에는 누가 살지?

원래 집이란 살아야 하는 곳인데, 언젠가부터 사는 곳으로 되어 버렸다. 이 아름다운 장소에서 문화와 역사와 자연과 삶의 언어 대신 숫자만이 난무하는 욕망의 언어를 듣고 있자니 기분이 곤두박질쳤다.

자전거를 끌고 내려오는데 설비 업체가 보여서 사장님에게 도움을 요청했다. 에어컴프레셔(air compressor: 공기압축기)로 자전거에 바람을 넣으려고 해보았는데 튜브 밸브와 컴프레셔와 맞지 않아서 '쎄' 하는 소리만 요란했다.

고맙게도 사장님이 가게 용달차로 구례 읍내까지 자전거를 실어다 주었다. 이번 여행에서 구례읍만 세 번째였다. 봉성로 인근에서 내려서 삼천리 자전거점에서. 바람을 넣었다. 휴대용 펌프를 새로 구할 수가 없어서 순천시까지 다녀올까 고민하다가 그냥 가기로 했다. 그동안 경험으로 보면 일반 도로에서는 펑크나지 않았다. 농로나 상태가 좋지 않은 길만 피해 가면 헤 볼만 할 것 같다는 생각에서였다.

오미마을까지 다시 가는 길, 날은 여전히 좋았다. 같은 길을 달려도 느낌이 매번 달랐다. 시간에 따라, 날씨에 따라, 기분에 따라 길은 매번 새로웠다. 이번에는 소로를 가지 않고 국도 19번 섬진강대로를 따라 달렸다. 섬진강이 보이는 곳부터 도로가 2차선으로 좁아졌다. 석주관에 도착하니 벌써 문이 닫혀 있었다.

석주관은 경상도 하동과 전라도 구례 사이의 요충지로 정유재란 때 남원으로 가는 수만 명의 왜군과 맞서 싸우다가 의병과 승병들이 장렬히 전사한 곳이다. 석주관에는 칠의사(七義士)의 묘와 함께 구례현감 이원춘의 묘가 있다.

난중일기 1598년 음력 8월 3일 자에는 이순신 장군이 삼도수군통제사에 재임용된 후 석주관에 이르렀을 때 이원춘이 반갑게 나와 장군과 적을 토벌하는 일에 대해 많은 이야기 나누었다는 기록이 있다. 이원춘은 장군을 만나고 10일 뒤 구례를 거쳐 침략해오는 왜군과 남원성에서 싸우다가 전사했다.

석주관 아래 그늘진 석벽에 자전거를 기대어 놓고 화장실 건물 외벽에 있는 트랙 35 스탬프를 찍었다. 거울에 비친 얼굴이 햇살에 베롱꽃처럼 붉었다.

석주관에서 화개장터로 가는 길은 봄이면 벚꽃길이 시작되는 곳이다. 벚꽃길은 화개장터에서 쌍계사까지 십리 길에서 절정을 이룬다. 피아골로 들어가는 입구인 연곡교에는 다양한 펜션과 가게들이 계곡 사면에 층층이 자리 잡고 있었다. 이전에 상상했던 피아골 입구 모습은 어디로 갔는지, 마치 알프스의 어느 관광지 마을에 와 있는 것 같았다.

▲ 천천히 주변 풍경 음미하며 벚나무 녹음 터널을 달리다.

피아골 이름의 유래는 여러 가지가 있다. 정유재란 때 석주관에 있었던 전투에서 비롯되었다고도 하고, 한국전쟁 때 지리산에 숨어든 빨치산의 피로 계곡이 붉게 물들어서 그랬다는 이야기도 있다. 오래전 산과 계곡이 핏빛처럼 물든 어느 가을날에 계곡 입구에 있던 민박집과 음식점 몇 곳만 외롭게 있던 풍경이 기억났다. 지금은 펜션과 네온이 반짝이는 가게들이 계곡 입구에 가득하지만, 산과 강은 여전히 그때처럼 푸르고 맑았다.

화개장터로 가는 길, 좌우의 벚나무들이 하늘에 터널을 이루고 있었다. 벚꽃은 이미 떨어져서 흔적조차 없지만 녹음으로 덮인 하늘도 운치가 있었다. 쌍계사로 들어가는 화개면이 나왔다. 깊은 산속에 있는 마을이지만 관광지로 이름이 있다 보니 사람들로 붐볐다. 화개장터는 1988년 가수 조영남이 '화개장터'를 부르면서 전국적으로 유명해졌다.

"전라도와 경상도를 가로지르는 섬진강 줄기 따라 화개장터엔 아랫마을 하동사람 윗마을 구례 사람 닷새마다 어우러져 장을 펼치니 구경 한 번 와보세요. 그냥 시골 장터지만 있어야 할 건 다 있구요. 없을 건 없답니다~"

화개장터는 전라도와 경상도가 만나는 화합의 장소다. 오일장은 이제 상설시장이 되었고, 벚꽃 피는 봄에는 화개장터에서 쌍계사까지 십리 길에 날리는 꽃잎만큼이나 많은 사람이 전국에서 몰려온다.

트랙 35-1 스탬프 날인은 하고 소설가 박경리의 대하소설 '토지'의 무대인 평사리 최참판댁으로 갔다. 평사리까지는 정부와 하동군에서 조성한 '섬진강 100리 테마 로드' 트레킹 코스가 있다. 섬진강 테마 로드는 화개면에서 악양면을 거쳐 하동읍까지 이어진 21km의 코스이다. 섬진강을 상징하는 '야생차·문학·두꺼비·재첩(재첩과의 조개)' 구역으로 나누어져 조성되어 있고, 백의종군로는 야생차 구간과 문학 구간의 50리 길만 간다.

펑크 걱정이 없는 국도 19번 길을 따라 달렸다. 평사리까지 경치는 좋았지만, 갓길이 없어서 바깥에 그려진 흰 선에 집중해서 달렸다. 나뭇가지가 떨어진 곳에서 멈칫거렸는데, 뒤에서 갑자기 "파이팅!"이라고 외치는 소리가 나서 놀랐다. 로드 자전거 팀이 앞질러 가며 엄지를 들어 보였다.

어느새 최참판댁은 평사리 입구 도로에서 한참을 더 들어가서 있었다. 트랙 스탬프가 있는 파란들 빵 가게는 마을 입구에 있었는데, 그냥 지나쳐 올라갔다. 경사가 심해지는 곳에서 자전거에 내려 걸어 올라갔다. 식당과 기념품 판매점, 공방 등이 경사진 길에 낮은 담처럼 아기자기했다.

가게 주인에게 물어보니 이곳 가게들은 외지인이 아니라 마을 주민들이 직접 운영한다고 했다. 아산시 탕정면에서 본 지중해 마을과 비슷했다. 다른 것이 있다면 마을 아래에 펼쳐지는 압도적 조망이었다.

▲ 파란들빵 가게

화개장터 앞 섬진강의 가슴 뻥 뚫리는 듯한 풍경

▲ 힘들게 올라온 최참판댁에서 본 평사리 전망

　스탬프 함을 못 찾아서 최참판댁 바로 앞까지 자전거를 힘들게 끌고 올라갔는데, 뒤돌아본 순간 아름다운 전망에 그간의 힘듦을 잊어버릴 정도였다. 초록 들판과 병풍 같은 산에 구름과 햇살이 흘러 다녔다. 참, 멋진 경치였다. 가게가 끝난 곳 위로 최참판댁과 박경리 문학관이 있었다.

　박경리의 '토지'는 하동군 평사리를 무대로 지주 계층이었던 최참판댁 가족과 소작농들과의 이야기를 조선 말부터 일제강점기까지 격랑의 시대를 배경으로 그려낸 대작이다. 작가는 1969년부터 집필을 시작해서 1994년에 5부 16권으로 완간했다. '토지'는 역사 소설뿐만 아니라, 인간에 대한 탐구 측면에서도 작품성을 인정받는 한국의 대표적인 문학작품이다.

박경리 작품을 읽다 보면 불현듯 소설 '대지(大地)'의 작가 펄벅이 떠올랐다. 여러모로 두 작가는 닮았다. 박경리는 81세에 소천하였는데, 유작 시 '버리고 갈 것만 남아서 홀가분하다'를 남겼다. 그 중 기억에 남는 시가 있다. '일 잘하는 사내'이다.

다시 태어나면
무엇이 되고 싶은가
젊은 눈망울들
나를 바라보며 물었다
다시 태어나면
일 잘하는 사내를 만나
깊고 깊은 산골에서
농사짓고 살고 싶다
내 대답
돌아가는 길에
그들은 울었다고 전해 들었다
왜 울었을까
누구나 본질을 향한 회귀본능
누구나 순리에 대한 그리움
그것 때문에 울었을 거야

나는 일 잘하는 사내일까. 일을 잘못하는 사내일까. '일을 잘하는 사내'라고 주장하고 싶으나 가슴에 손을 얹고 말하면 아무래도 후자다. '일을 잘못하는 사내'가 바로 나다. 하긴 이 길에서도 이렇게 헤매면서 가고 있으니 말이다.

난중일기에서 이순신 장군은 음력 1597년 5월 26일 퍼붓는 빗속에 엎어지고 자빠지면서 하동군 악양면 이정란의 집에 이르렀는데 문을 닫고 거절해서 억지로 청해서 들어갔다고 했다. 다음 날은 늦게 출발해서 두치(두곡마을)까지 겨우 갔다.

구례에서 하동까지는 멀지 않은 거리인데 3일이나 걸려서 간 걸 보면 무척이나 고된 길이었던 것 같다. 나도 빗속에서 엎어지고 자빠지면서 가던 기억이 난중일기를 읽다 보니 새삼 떠올랐다.

트랙 37 스탬프 함이 있는 홍룡마을은 도로에서 조금 들어간 조용한 마을이었다. 마을회관에 도착했을 즘 해가 거의 산 뒤로 넘어갔다. 자전거 소리에 마을회관 안에 계시던 할머니들이 나오더니 회관 안에 정수기가 있으니 시원한 물이라도 한잔 먹고 가라고 했다. 관심이 고마웠다. 홍룡마을 나와 두곡마을 거쳐 하동 가는 길, 도로 위로 석양이 질 무렵 하늘이 가슴이 시릴 정도로 아름다웠다. 비 온 뒤 하늘색은 마치 천사의 날개처럼 투명하고 맑았다. 가슴이 뭉클해졌다.

▲ 트랙 37 스탬프 함이 있는 홍룡마을 마을회관

트랙 38 스탬프가 있는 두곡마을회관은 마을 입·출구가 두 곳이었다. 지도를 보니 마을이 마치 항아리처럼 생겼다. 건널목을 건너서 보니 스탬프는 건너편에 있었는데 역주행해서 가기가 어려워서 마을을 한 바퀴 돌아 반대편으로 내려갔다. 오르막 위에 있는 대평 파크맨션 아파트를 내려오니 마을 정자에 스탬프 함이 있었다. 하늘이 어두워졌다. 도로에는 차가 없었다. 속도를 냈다.

▲ 두곡마을로 향하는 길의 가슴 시린 하늘

하동 읍내에 도착하니 사위가 완전히 어둠에 잠겼다. 야영 자리를 찾기 위해서 하동초등학교에 갔는데, 운동장은 동네 사람이 다 모인듯이 북적거렸다. 학교에서 소득 없이 나와서 하동 송림공원 가는 길에 있는 작은 분식집에 들렀다. 늦은 시간이어서 면만 된다고 해서 비빔국수를 주문했는데, 양이 곱빼기였다. 정신없이 먹고 있는데, 주인아주머니가 탁자에 김밥 한 줄을 내어놓는 게 아닌가. 서비스니 같이 먹으라고 했다. 나를 위해 일부러 만든 김밥이었다. 문 닫을 시간에 들어온 것도 미안한데 이렇게까지 챙겨주시니 더 미안하고 감사할 따름이었다. 배가 불룩하게 먹고 나서 김밥 식대를 계산하려고 하니 손사래를 치신다.

"그냥 드린 거니 괜찮아요."

"돈을 받으셔야 내 마음이 편해요."

"아니, 괜찮아요. 그냥 서비스에요."

실랑이를 한참 하다가 결국 아주머니에게 감사하다는 말씀만 드리고 가게를 나왔다. 가게 이름은 '장미분식'이다. 이름처럼 마음의 향기가 가득한 가게였다. 강변에는 조명이 없는 곳이 많아서 잘 보이지 않았다. 자리를 찾아보려고 이곳저곳을 둘러보는데, 배터리가 떨어진 랜턴이 팍 꺼져버렸다.

강변에서 잠자리 찾기를 포기하고 다시 도심지에 나왔다. 도시를 한 바퀴 돌면서 자리를 찾아봤지만 마땅한 곳이 없다. 그런데 그때 갑자기 큰 것이 마려웠다. 잠자리가 문제가 아니다. 주변에 갈만한 화장실이 있을까, 하동역이 생각났다. 도심에서 좀 떨어진 하동역까지 가서 볼일을 보고 나서 대합실에 나왔다. 기차가 도착한다는 방송이 나왔다. 곧 한 무더기의 사람들이 개찰구에서 쏟아져 나온 뒤 다시 대합실엔 적막이 흘렀다. 화장실에서 다시 들어가서 씻고 나와 에어컨이 시원한 대합실에 앉아 어디로 가야 하나 고민하고 있는데, 역 직원이 힐끗힐끗 계속 쳐다봤다. 화장실에 들어갔다가 나오더니 다시 나를 본다. 왜, 나를 계속 볼까, 기차역이니 밤새 사람들이 오고 갈 텐데, 이상하다. 눈치가 보여 밖에 나왔는데, 내가 나오자마자 대합실 불이 꺼졌다. 이런, 문을 닫을 시간이었구나, 아까 내린 손님이 오늘 마지막 손님이었던 셈이다. 눈치 없이 계속 앉아있어서 민폐를 끼쳤다.

가로등도 없는 어두운 길을 시각 장애인같이 더듬거리며 앞으로 나갔다. 이상한 두려움이 밀려왔다. 랜턴은 꺼졌고, 스마트폰 배터리도 거의 바닥이었다. 몸은 지치고, 잘 곳은 없고, 밤새도록 이런 깜깜한 어둠 속에서 헤매게 될까, 시간은 밤 열 시가 넘었다. 초등학교에 다시 가보자. 다행히 학교는 조용했다. 텐트를 겨우 치고, 바로 누웠다. 한 시간이나 눈을 붙였을까, 한증막같이 습한 더위에 잠이 깼다. 텐트 문을 열어놓고 다시 눈을 감아보지만, 잠이 더 오지 않았다. 계속 눈만 감고 있는데, 바깥에서 사람 소리가 들렸다. 시계를 보니 새벽 3시, 밖을 보니 벌써 주민들이 새벽 운동을 하고 있었다. 어차피 잠도 글렀다. 밖에 나와 어둠 속에서 텐트를 주섬주섬 걷었다. 두런거리는 소리가 어둠 속에 가깝게 들려왔다.

▲ 하동 시내를 헤매며 바라본 하동 시가지 야경

5월 15일[을사]

비가 오다 개다 했다. 주인집은 지대가 너무 낮게 있어서 파리가 벌떼처럼 몰려들어 사람이 밥을 먹을 수가 없었다. 관아의 띠정자로 옮겨왔더니 남풍이 바로 불어와서 현감과 함께 종일 이야기하다가 그대로 잤다.

5월 16일[병오]

맑음. 구례 현감(이원춘)과 함께 이야기를 나누었다. 저녁에 남원의 정탐군이 돌아와서 전하여 고하되, "체찰사(이원익)가 내일 바로 곡성을 거쳐 본현(구례)으로 들어와서 며칠 묵은 뒤에 진주로 간다"라고 했다. 구례 현감(이원춘)이 음식상을 내왔는데 매우 풍요하였다. 매우 미안하였다. 저녁에 정상명이 왔다.

5월 17일[정미]

17일 정미 맑음. 고을 수령(이원춘)과 함께 이야기했다. 저녁에 남원의 정탐군이 돌아와서 전하기를, "원수(권율)가 운봉 길로 가지 않고 명나라 양총병(양원)을 영접할 일로 완산(전주)으로 달려갔다"라고 했다. 내 행색은 엉망이라 민망스럽다.

5월 18일[무신]

맑음. 동풍이 크게 불었다. 저녁에 김종려(金宗麗)가 남원에서 곧바로 와서 만났다. 충청 수영(최호)의 감영 관리 이엽이 한산도에서 왔기에 집에 보낼 편지를 보냈다. 그러나 그가 아침술에 취해 광기를 부리니 가증스러웠다.

5월 19일[기유]

맑음. 체찰사(이원익)가 구례현에 들어온다고 하는데 성안에 머물고 있기가 미안해서 동문 밖 장세호(張世豪)의 집으로 옮겨 갔다. 명협정에 앉았는데, 고을 현감(이원춘)이 와서 만났다. 저녁에 체찰사(이원익)가 현으로 들어왔다. 오후 4시경에 소나기가 크게 쏟아지더니 오후 6시경에 갰다.

5월 20일[경술]

맑음. 저녁에 김 첨지(김경로)가 와서 만났는데, 무주 장박지리(長朴只里, 영동 박계리)의 농토가 호품이라고 말했다. 옥천에 사는 권치중(權致中)은 김첨지의 얼자 처남인데, 장박지리가 옥천 양산창(영동 가곡리)의 근처라고 했다. 체찰사(이원익)가 내가 머물고 있다는 것을 듣고는 먼저 공생(貢生)을 보내고 또 군관 이지각을 보내더니, 조금 있다가 또다시 사람을 보내어 "일찍이 모친상을 당했다는 소식을 듣지 못하였다가 이제야 비로소 듣고 놀랍고 애도하는 마음에 군관을 보내어 조문한다"라고 하였다. 그를 통해 "저녁에 만날 수 있는가"라고 묻기에 나는 "당연히 저녁에 가서 인사하겠다"라고 대답하고, 저녁에 가서 뵈니 체찰사는 소복을 입고 기다리고 있었다. 조용히 일을 의논하는데 체찰사는 개탄스러움을 참지 못했다. 밤이 깊도록 이야기하는 가운데에 "일찍이 왕명서가 있었는데 거기에 미안하다는 말이 많이 있어서, 그 심사가 미심쩍었으나 어떤 뜻인지를 몰랐다"라고 하였다. 또 말하되 "흉악한 자(원균)의 일은 기만함이 심한데도 임금이 살피지 못하니 나랏일을 어찌하겠는가"라고 하는 것이었다. 나올 때 남종사(南從事)가 사람을 보내어 문안했으나 나는 대답하기를, "밤이 깊어서 나가 인사하지 못한다"라고 하였다.

5월 21일[신해]

맑음. 박천(博川, 평북 박천) 군수 유해(柳海)가 서울에서 내려와서 한산도에서 공을 세우겠다고 하였다. 또 말하기를, "은진현에 가니, 현의 현감이 배로 가는 일에 관해 이야기했다"라고 하였다. 유해가 또 말하기를, "의금부 감옥에 갇힌 이덕룡(李德龍)을 고소한 사람이 옥에 갇혀 세 차례나 형장을 맞고 죽어간다"라고 하니 매우 놀라운 일이다. 또 "과천의 유향소 수장 안홍제(安弘濟) 등이 이상공(李尙公)에게 말과 스무 살 난 여자종을 바치고 풀려나 돌아갔다"라고 한다. 안(安, 홍제)은 본디 죽을죄도 아닌데 누차 형장을 맞아 거의 죽게 되었다가 물건을 바치고서야 석방되었다는 것이다. 안팎이 모두 바치는 물건의 많고 적음에 따라 죄의 경중을 정한다니, 아직 결말이 어떻게 날지 모르겠다. 이것이 이른바 "백전(百錢)의 돈으로 죽은 혼을 살게 한다"라는 것이리라.

5월 22일[임자]

맑음. 남풍이 크게 불었다. 아침에 손인필의 부자가 와서 만났다. 유해가 순천으로 가고 그 길로 한산도로 간다하기에 전라, 경상 두 수사(水使, 이억기·배설)와 가리포 첨사(이응표) 등에게 문안 편지를 썼다. 늦게 체찰사(이원익)의 종사관 김광엽(金光燁)이 진주에서 이 고을(구례)로 들어오고, 배흥립이 온다는 사적인 통보도 왔다. 그동안의 회포를 풀 수 있을 것이니 매우 다행이다. 혼자 앉아 있노라니 비통하여 매우 견디기 어려웠다. 저녁에 배동지(배흥립)와 현감(이원춘)이 와서 만났다.

5월 23일[계축]

아침에 정사룡과 이사순이 보러 와서 원공(원균)의 일을 많이 전했다. 늦게 배동지는 한산도로 돌아갔다. 체찰사가 사람을 보내어 부르기에 가서 뵙고 조용히 의논하는데, 시국의 일이 이미 잘못된 것에 대해 많이 분해하며 오직 죽을 날을 기다린다고 했다. 내일 초계에 갈 일을 고하니, 체찰사가 이대백(李大伯)에게 모은 쌀 두 섬을 증명서로 써주고 성 밖의 주인인 장세휘의 집으로 보냈다.

5월 24일[갑인]

맑음. 동풍이 종일 크게 불었다. 아침에 광양의 고응명의 아들 고언선(高彦善)이 와서 만났는데 한산도의 일을 많이 전했다. 체찰사가 군관 이지각을 보내어 안부를 묻고, 이에 "경상우도의 연해안 지도를 그리고 싶으나 방도가 없으니, 본대로 그려 보내주시기를 바란다"라고 전하므로, 나는 거절할 수가 없어서 지도를 베껴 그려서 보냈다. 저녁에 비가 크게 내렸다.

5월 25일[을묘]

비가 내렸다. 아침에 길을 출발하려 하다가 비 때문에 가기를 멈추고 혼자 시골집에 기대어 있으니 떠오르는 생각이 만 가지다. 슬픔과 그리움이 어떠하겠는가. 슬픔과 그리움이 어떠하겠는가.

5월 26일[병진]

종일 큰비가 내렸다. 비를 맞으면서 길에 올라 막 떠나려는데, 사량만호

변익성이 조사받을 일로 이종호에게 붙잡혀서 체찰사 앞으로 왔다. 잠깐 서로 대면하고는 석주관(구례 송정리)의 관문에 가니, 비가 퍼붓듯이 내렸다. 말을 쉬게 하고 간신히 엎어지고 자빠지면서 악양(하동 평사리)의 이정란의 집에 당도했는데, 문을 닫고 거절하였다. 그 집 뒤에 기와집이 있어서 종들이 사방으로 흩어져 찾았으나 모두 만나지 못하여 잠시 쉬었다가 돌아왔다. 이정란의 집은 김덕령의 아우 덕린이 빌려 입주하고 있었다. 나는 아들 열(䓲)을 시켜 억지로 말하여 들어가 잤다. 행장이 다 젖었다.

5월 27일[정사]

리고 갠 것이 반반이다. 아침에 젖은 옷을 널어 바람에 말렸다. 늦게 출발하여 두치의 최춘룡 집에 도착하니, 사량 만호 이종호가 먼저 와 있었다. 변익성은 곤장 스무 대를 맞고 몸을 움직이지 못한다고 한다. 유기룡이 와서 만났다.

5월 28일[무오]

흐렸으나 비는 오지 않았다. 늦게 출발하여 하동현에 도착하니, 고을 현감(신진)이 만난 것을 기뻐하여 성안의 별채로 맞아 대접하여 정성을 다하였다. 그리고 원(원균)이 하는 일에 미친 짓이 많다고 말했다. 날이 저물도록 이야기를 나누었다. 변익성도 왔다.

5월 29일[기미]

흐림. 몸이 매우 불편하여 길에 오를 수 없었다. 그대로 머물러 몸조리를 했다. 고을 현감(신진)은 정겨운 말을 많이 했다. 황(黃) 생원이라고 칭하는 이가 나이가 70세로 하동에 왔는데, "예전에 서울에 살다가 지금은 떠돌아다닌다"라고 하였다. 나는 만나지 않았다.

백의종군로 자전거 순례 12-1일
산청, 강을 거슬러 오르는 연어처럼

어둠 속 멀리서
반달 같은 출구가 열렸다

(하동초) ▶ 주성마을회관 ▶ 서황리(중촌 마을회관정자 ▶ 손경례가 입구 정자 ▶ 남사마을 박호원농가 앞(이사재) ▶ 신안파출소 정문 ▶ 삼가면사무소

8.5(금)

- 시간 12:00h
- 거리 95.3km
- 트랙 39, 40, 41, 41-1 42, 43, 44
- 날씨 구름 조금
- 기온 31.7-25.1 °C
- 야영 삼가초등학교

백의종군로 자전거 순례 12-1일   산청, 강을 거슬러 오르는 연어처럼

어둠 속 멀리서 반달 같은 출구가 열렸다

얼마나 앉아있었을까. 동녘이 밝아왔다. 해가 뜨고, 또 하루가 시작되고, 무엇이 앞에 기다리고 있더라도 도전하고 응전해야지. 돌다리도 두드려보고 가는 마음으로 안전하게 가보자. 오늘 이 길을 끝낼 수 있을까. 이제는 씻고 쾌적하게 자고 싶다. 자, 그만 투덜거리고 출발하자. 백의종군로는 하동군에서 화개면, 악양면, 하동읍을 지나왔고 고전면, 양보면, 북천면, 옥종면을 거쳐 산청군으로 간다. 오늘 정오에 소나기 예보가 있었다.

하동군은 전라도와 경상도를 이어주는 다리이다. 1,500년 전 변한 12국 중 낙노국의 땅이었다가 백제의 영토가 되었다. 백제 멸망 후 757년 신라 경덕왕 때 하동군이라 칭했다. 행정구역은 1읍 12면이고, 면적은 675.27㎢, 인구는 43,413명이다. 차 재배와 어업이 주요 지역 경제였으나, 1980년대 군의 서쪽에 광양제철소가 만들어

> 지면서 어업 규모가 작아졌다. 다른 지역처럼 인구가 점차 감소하고 있고, 노령화는 심화되고 있는 중이다. 2023년에 하동세계 차 엑스포가 열린다. 가을에는 북촌면 직전마을의 코스모스와 메밀꽃 축제로 유명하다.

하동읍에서 강변을 따라 부두길로 갔다. 새벽의 섬진강은 고요했다. 구름이 강 위에 내려앉았다. 새벽 강은 검고, 푸르고, 하얗고, 깊었다.

신월교차로에서 북쪽에 난 공설운동장로를 거쳐 늘봉로에 갔다. 늘봉로는 갈녹치재를 넘어 주성마을회관으로 난 길이다. 갈녹치재에서는 경사가 심해 끌바를 하려고 했지만 계속 달릴 수밖에 없는 사정이 생겼다. 산모기 편대가 새벽에 나타난 먹거리를 보고 맹렬하게 달라붙었다. 걸어가다가 도저히 모기떼에 견딜 수가 없었다. 자전거에서 몸을 세차게 흔들었다. 산 모기들은 표적이 흔들리니 감히 물지는 못했다. 모기떼의 공격을 피해 기를 쓰고 올라가다가 갑자기 나에게 달라붙는 모기떼가 신경 쓰였다. 산모기는 주로 주간에 활동하고, 흡혈 후에 바로 옆에 있는 자기들 보금자리로 돌아가는 게 습성이라고 했다.

이 모기들은 나를 쫓아서 한참을 왔는데, 자기들 집에나 찾아갈 수 있을까. 혹시 이주민이 되어 집도 절도 없이 이 산을 떠돌게 되지는 않을까.

▲ 갈치녹재를 넘다가 산모기 떼에 공격을 받았으나 이에 굴하지 않고 윙크를 보내는 필자

검고, 푸르고, 하얗고, 깊었던 새벽의 섬진강 풍경

이주민 모기들이 갑자기 불쌍했지만, 그래도 물릴 수는 없는 일, 계속 쉬지 않고 달려 고갯마루에 도착했다.

고개를 넘어온 아침 햇살이 눈부시게 쏟아졌다. 내리막에서 나를 수행하느라 고생한 모기 편대에 작별의 윙크를 날렸다. '집들 잘 찾아가거라' 쌩하니 내려가는데 끝까지 얼굴에서 떨어지지 않는 놈들이 있었다. 속도를 더 냈다. 어디쯤인가에서 드디어 수행원이 모두 떨어져 나갔다. 모두 수고했다. 안녕~.

한 마리 새처럼 고전면사무소 삼거리에 사뿐히 내려섰다. 고전교를 넘어서 있는 롤러코스트 같이 생긴 산길을 돌아서 주성마을로 갔다. 주성마을회관 정자에 있는 트랙 39 스탬프를 찍었다. 주성마을회관 앞에는 크거나 작고 오래되거나 새것인 비석들이 많았다. 하동읍성 안내비, 충무공 이순신 백의종군 행로지비, 하동군 고전면민 만세운동 기념비 등이다. '주성'이란 이름은 1914년 주교(舟橋·배다리)와 '주(舟)'와 성내의 '성(城)'자가 합쳐져 만들어진 이름이다. 고하리에는 배드리공원이 있는데, 하동읍성에 주교천으로 배가 들어와서 붙은 이름이라고 한다. 1919년 4월 6일 주교리 장날에는 주성마을의 박영문 등이 주동한 만세운동이 크게 일어났다. 이야기가 많은 마을이었다.

마을회관 간판에는 '참 살기 좋은 마을 주성마을'이라고 적혀있고, 옆에 목욕탕이 있었는데 여탕만 표시되어 있어 특이했다. 남탕은 어디에 있는 걸까.

마을 주민들의 아침은 부산했다. 예초기 소리가 활기차게 들판으로 퍼져나갔다. 주성마을에서는 과자만 먹고 출발했는데, 나중에 보니 마을에 괜찮은 카페가 있었다. 2020년에 귀농한 7명의 청년이 미곡(米穀·쌀을 비롯한 여러 가지 곡식) 창고를 개조해 '고하버거 & 카페'를 열었다고 하는데, 모르고 지나쳤다.

▲ '참 살기 좋은 주성마을' 마을회관

　하동읍성으로 향해 난 밋밋한 오르막을 올라갔다. 하동읍성은 조선 태종 17년인 1417년에 축조된 하동군의 중심지였다. 1593년 임진왜란 때 가토 기요마사가 이끄는 왜군에 의해 파괴된 후 오랫동안 폐허로 있다가 2015년 성곽의 일부인 1.4km가 복원되었다. 읍성 남쪽으로는 금오산이 우뚝했다. 금오산 아래는 이순신 장군의 마지막 전투가 벌어진 노량해협이다.

　하동읍성 뒤 산길로 가지 않고, 진양로를 갔다. 도보 여행기에는 하동읍성 뒤로 마을과 마을 사이의 산길을 가다가 길을 잃어 고생했다는 이야기가 많았다. 이 길이 트랙 40 증촌리 마을회관까지 가는 최단 코스이긴 하지만, 돌아가야 했다. 여기서 펑크가 나면 답이 없다. 경사가 완만한 하동읍성로 옆으로는 주교천을 품은 논이 푸르렀다. 멀리 겹겹이 쌓인 산줄기 머리 위에 하얀 구름이 걸려 있고 위로는 티끌 한 점 없는 하늘이 더할 나위 없이 맑았다. 차가 없는 하동읍성로는 온전히 나의 것이었다. 밤사이 뒤척이며 잠을 설쳤으나 머리는 하늘처럼 맑았다.

원양마을에서 국도 58 경서대로가 두 길로 나뉘었다. 북쪽 길로 올라갔다. 경서대로는 국도 2번 충무공로와 만나는데 북쪽으로 더 가면 백의종군로를 만나 증촌리로 갈 수 있다.

한 가지 문제는 백의종군로를 만나기 전에 황치재터널을 통과해야 한다는 것이었다. 터널을 피하려고 황토재를 넘어가는 임도(林道: 임산도로 준말로 '벌목한 통나무의 운반, 산림의 생산 관리를 위하여 건설한 도로')로 갔다. 여기도 길 이름이 경서대로였다. 달리 붙일 이름이 마땅치 않았나 보다. 하긴 이곳에 거미줄처럼 나 있는 이런 산길에다 모두 이름을 붙일 수도 없는 노릇이다. 그래서 이 주

하동읍성로 주변 전망

변의 길 이름은 온통 경서대로였다. 머리를 거의 땅에 붙이고 산판길(경사가 급하고 굴곡이 심한 울퉁불퉁한 비포장도로)에 올라갔다.

비월마을 오르막 생각이 났다. 몸을 돌려 뒤를 보니 순천-진주 간 경전선철도가 동서로 지나가고 그 아래로 충무공로가 보였다. 고개를 돌려 위를 올려다보니 용이 승천하듯 길이 하늘로 구불거리며 올라가고 있었다. 몸으로 자전거를 버티면서 위를 잠깐 쳐다봤더니 고개가 뻐근했다. 임도 안내문에는 "황천 여의에서 옥종 정수까지는 14.52km이고, 안전에 유의하라"라고 쓰여 있었다. 북천 방화로 갈라지는 길은 빨간색으로 칠해져 있어 눈에 띄었다.

▲ 경서대로 임도길 안내문

'저 경사를 계속 올라가. 아냐 저 경사는 안돼. 터널로 가자. 아냐, 어두운 터널은 이제 정말 싫어.'

머리에 생각이 옥신각신하는데 위에서 갑자기 "탈 탈 탈" 거리는 소리가 들렸다. 임도에 나타난 경운기는 경사로를 자석처럼 붙어서 내려갔다. 경운기 아저씨가 나를 보더니 살짝 웃었다. 그 웃음의 의미가 '자전거는 안돼'라고 해석됐다. 그래, 저 길은 도저히 안 되는 길이야. 그만 내려가자. 방향을 돌려 경운기를 따라서 충무공로 진입로로 내려갔다. 진입로 바로 앞에 터널이 보였다. 터널로 가는 우측 차선으로 들어가기 위해서 중앙차선을 넘어야 했다. 좌우를 보다가 재빨리 중앙차선을 넘어갔다. 일단 심호흡부터 하고 냅다 검은 구멍으로 뛰어들었다.

터널은 깊고 어두웠다. 다행히도 차가 없었다. 갓길 흰 선만을 따라갔다. 마음에 잡념이 없어졌다. 무념무상. 어둠 속 멀리서 반달 같은 출구가 열렸다.

인생길에도 이런 구간이 있을 것이다. 위기의 순간, 한 가지 목표에 마음을 집중하고 앞으로 나아갈 때, 뒤도 옆도 돌아볼 수가 없다. 오직 앞만 보고 뛰어야만 할 때가 있다. 위험한 터널길에서 인생길이 보였다.

방화마을 앞에서 모성마을 넓은 들판을 가로질렀다. 산길 옆으로 난 좁은 방화길을 따라 증촌마을에 다가갈수록 길이 거칠어졌다. 증촌마을 가는 길은 마치 동막골 가는 길 같았다. 도로가 없었다면 심산유곡의 호랑이가 나올 만한 길이다. 방화로에서 벗어나 증촌마을의 울퉁불퉁한 농로에 들어서면서부터 펑크가 날까 봐 자전거를 끌고 갔다. 마을 정자에 도착하니 전망이 은근

▲ 증촌마을회관 앞 풍경

했다. 정자는 도료를 새로 칠했는지 흐린 날씨에도 반짝반짝 빛이 나고 수돗가에는 고무통에 물이 찰랑거렸다. 마을회관 안에서는 레크레이션 강사의 입담 좋게 잇따라 말을 늘어놓는 야스락거리는 소리가 할머니들의 수다 소리에 섞여 나왔다. 마을회관 벽에는 온

▲ 증촌마을회관 앞 정자

갖 모양의 의자들이 놓여 있었다. 작은 의자에 앉아서 벽에 몸을 기댔다. 아담한 정자와 상처투성이지만 민트색 자전거 '굴렁이'가 푸른 들판과 잘 어울렸다. 벽에 기대어 한참을 바라보았다.

트랙 40 스탬프를 찍고, 증촌마을에서 나와 국도 1005번 옥단길을 따라서 옥종면에 갔다. 오르막 너머 북방천 청수교를 만났다.

1597년 음력 6월 1일 이순신 장군은 빗속에서 일찍 길을 떠나 청수역 개울가 정자에서 잠시 쉬었다.

아마 이 근방이 아니었을까. 옥산서원길로 이어진 백의종군로에서 벗어나 옥종면에 들어갔다. 마을의 주도로인 옥종중앙로를 따라 식당을 찾아보며 내려갔다. 마을에는 음식점도 많고, 약국과 의원도 여러 개 있었다. 마을 입구에 있는 시외버스 터미널 주차장도 꽤 넓었다. 생각보단 큰 마을이었다. 하동군에 있는 면 중에 옥종면과 북천면은 옥산과 덕천강 사이의 비옥한 땅이다. 특산품으로 딸기도 많이 재배하고, 밤, 매실 등 물산이 풍부하다. 식당을 검색해보니 동해식당의 평이 좋았다. 작은 흰색 건물 일 층에 있는 가게

▲ 카페 '쉼표' 내 게시글과 주변 수국

는 탁자가 다섯 개가 있고 뒤쪽으로 주방이 있었다. 마침 안쪽 자리가 비어있었다. 주방에는 부인이 종업원 한 명과 같이 조리를 하고 있고, 남편은 매장에서 주문과 서빙을 하고 있었다. 단체배달 주문이 들어왔는지 주방이 무척이나 바빴다. 딸로 보이는 여학생이 나와서 바쁜 일손을 돕고 있었다. 주문한 백반이 나왔다. 생선조림·나물·김치·된장국 등이 한 상 가득 푸짐했다. 보기에도 음식이 정갈하고, 반찬 하나하나가 모두 맛이 있었다. 반찬 그릇이 전부 비워질 즘 사람들이 몰려왔다.

"잘 먹었습니다"라고 크게 외치고 얼른 밖에 나왔다. 동해식당, 동네 맛집 인정이다. 식당 옆에 있는 빵 가게에서 모닝빵을 사 들고 모퉁이를 돌아서니 농협 건물 앞에 소담한 커피집이 다소곳이 있었다. 가게 앞 하얀 수국에 꿀벌이 부지런히 들락거렸다. 가게 안에는 귀여운 소품들이 아기자기했다. 블랙보드라고 적힌 칠판에는 분필로 누군가 글을 적어놓았는데, 필체가 좋았다. 아래 한 줄을 따라 읽었다.

"인생은 지금 이 순간에 즐겁게 사는 것이 잘사는 것이다."

그래, 이 순간을 즐기자, 사장님 말로는 매번 분필을 잡고 글을 쓰는 단골이 있다고 했다. 글자체가 좋아서 그분 서체를 만들어도 좋겠다고 이야기하니 웃으셨다. 정성스럽게 내려준 커피에서 좋은 향이 폴폴 났다.

"사장님, 가게는 언제부터 했어요?"

"오 년이나 되었어요. 처음에는 이렇게 오래 할 생각까지는 안 했는데 어찌어찌하다 보니 오래 했네요."

"고향이 여기세요?"

"아니에요. 전에는 서울에서 살다가 내려왔는데, 살아 보니 옥종면이 산수도 좋고, 농산물도 많이 나고, 사람도 참 좋은 곳이더라고요. 어떻게 여기에 왔어요?"

"이순신 장군의 백의종군로를 자전거 여행 중인데 백의종군로가 옥종면을 지나가요."

"나도 백의종군로는 들어본 것 같은데, 이번에 면장님에게 백의종군로와 관련된 관광 상품을 만들어 보라고 건의해 봐야겠네요. 면장님과 잘 알거든요."

건강이 안 좋으시다는 데, 매사에 긍정적이고 힘이 넘치시는 분이다. 옥종면에서 밥도, 커피도, 이야기도 모두 좋았다.

트랙 41 이정표가 있는 손경례가옥까지는 용연사에서 덕천강을 건너 문암교 방향으로 갔다. 용연사 앞 정자에는 백의종군로 도보 탐방로 제3코스 안내표시판이 있었는데, 진배미(군사훈련지) → 강정다리 → 문암점 → 하동 둑방길 → 용연사를 돌아오는 4km의 길이다. 용연사는 옥종면 개천과 덕천강 사이에 섬 같은 언덕 위에 있는 작은 절이다. 인도교 건너 절벽 아래에 용을 탄 신선상이 있는데, 머리를 쳐든 용의 얼굴이 막 하늘을 날아오를 듯했다.

덕천강을 건너는 좁고 기다란 다리가 한 가닥 실처럼 건너편 강둑까지 놓여 있었다. 비가 오면 잠기는 잠수교다. 다리 초입을 내려가는데 푹 꺼져 내려가는 것이 마치 강물에 뛰어드는 것처럼 스릴감이 있다. 난간이 없는 좁은 다리 위에선 강물이 코 앞이다. 바닥이 보이는 강물 안에는 물고기를 낚는 강

덕천강 실다리 주변 풍경

태공도 있다. 허리에 매달린 투망에 물고기 한 마리가 파닥거렸다. 고개를 두리번거리며 유유히 건너가고 있을 때 갑자기 흰색 승용차가 건너편 다리에 나타났다. 내가 지나갈 때까지 기다려줄지 알았는데 이건 웬걸, 계속 다가왔다. 승용차 하나 겨우 지나갈 만한 다리에서 어쩌자는 건지. 자전거에서 일단 내렸다. 승용차는 계속 밀어붙일 태세였다.

한번 해보자는 건가. 박치기해야 하나. 뒤로 돌아가야 하나.

생각이 왔다 갔다 하는데 차가 벌써 코앞까지 왔다. 얼떨결에 난간도 없는 다리 끝에서 자전거를 붙들고 발레리나처럼 섰다. 강물에 다이빙하는 상상을 하는 사이, 차가 휙 지나가 버렸다. 휴, 또 차가 오기 전에 후다닥 다리를 건너갔다.

▲ 용연사 신선상

난중일기

6월 1일 [경신/7월 14일]

비가 계속 내렸다. 일찍 출발하여 청수역(하동 정수리) 시냇가의 정자에 이르러 말을 쉬게 하였다. 저물녘 단성(산청 성내리) 땅과 진주 땅의 경계에 사는 박호원의 농사짓는 종의 집에 투숙하려는데, 주인이 반갑게 맞기는 하나 잠자는 방이 좋지 못하여 간신히 밤을 지냈다. 비가 밤새도록 내렸다. 유둔 1개, 장지(狀紙) 2권, 백미 1섬, 참깨와 들깨, 혹 5말, 혹 3말, 꿀 5되, 소금 5말 등을 보내고, 또 특우(숫소) 5마리를 보냈으니, 모두 하동 현감(신진)이 보낸 것이다.

백의종군로 자전거 순례 12-2일
삼가면 가는 길

그때는
미처 알지 못했다

백의종군로 자전거 순례 12-2일 ＞ 삼가면 가는 길
그때는 미처 알지 못했다

건너부터는 진주시 수곡면이었다. 손경래 집이 있는 원계마을 입구에 통제사 재수임비가 있었다. 이순신 장군은 합천에서 권율 도원수를 만난 뒤 손경래의 집에서 1597년 7월 27일부터 8월 2일까지 5일간 머물면서 도원수가 보내준 군사를 훈련했다. 장군은 8월 2일 난중일기에 "늦게 냇가로 나가 군사를 점검하고 말을 달렸는데, 원수가 보낸 군사는 모두 말도 없고 활과 화살도 없으니, 아무 쓸 데가 없었다. 매우 한탄스러웠다"라고 했다. 다음 날인 8월 3일에 선조가 보낸 삼도수군통제사 제수임 교지를 받았다.

"오호라! 국가가 의지할 곳은 오직 수군뿐인데, 하늘이 화를 내려 흉악한 칼날이 다시 성하여 마침내 삼도의 군사를 한 번 싸움에서 모두 잃었으니 이후로 바다 가까운 고을은 누가 다시 막아 낼 것인가? 한산도 이미 잃었으니 적이 두려울 것이 무엇이 있겠는가? (중략) 생각하건대, 그대는 일찍 수사 책

임을 맡았던 그 날부터 이름이 드러났고 또 임진년 승첩이 있은 뒤로 업적이 크게 떨쳐, 변방 군사들이 만리장성처럼 든든히 믿었건만, 지난번에 그대의 직함을 갈고 그대로 하여금 백의종군토록 한 것은 역시 사람의 생각이 어질지 못함에서 생긴 일이었거니, 오늘 이와 같은 패전의 욕됨을 만나게 된 것이니 무슨 할 말이 있겠는가. 무슨 할 말이 있겠는가. (중략) 수사 이하는 모두 지휘하며, 규율을 범하는 자는 일체 군법대로 시행하려니와, 나라 위해 몸을 잊고 경우에 따라 나가고 후퇴하고 하는 것은 이미 그대의 능력을 하는 바라, 내 구태여 무슨 말을 많이 하리오. (중략) 그대는 충의의 마음을 굳건히 하여, 나라 건져주기를 바라는 우리의 소원을 이뤄주길 바라며, 이제 교지를 내리니 그대는 알지어다."

▲ 원계마을 입구에 있는 통제사 재수임비

　이순신 장군이 군사를 훈련하던 진배미유지 들판은 지금은 딸기 비닐하우스로 가득 메워져 있다. 마을 입구 정자에서 트랙 41 스탬프를 찍고 난간 의자에 앉아 비닐하우스를 바라보았다. 이곳의 폐교 같은 유휴시설을 활용해서 백의종군로의 의미를 담을 수 있는 대표적인 시설로 운영하면 좋겠다는 생각이 문득 들었다. 장군이 합천에서 되돌아 나와 삼도통제사 재수임 교지를 받은 이곳은 어찌 보면 백의종군로가 실질적으로 끝나고 수군 재건로가 시작되는 의미가 있는 곳이다. 게다가 아름다운 덕천강이 굽이굽이 흐르고 있지 않은가.

이순신 장군의 백의종군로가 정점을 이룬 이곳에 지리산 둘레길 안내센터처럼 숙박과 정보를 제공해주는 관광시설을 만들면 백의종군로 활성화에도 도움이 될 것이다. 진배미 유적지에서 구국의 일념으로 말을 달리며 군사를 지휘하던 이순신 장군의 숨결을 다시 느껴보고 싶었다. 비닐하우스를 넘어 선들바람이 살살 불어왔다.

▲ 이순신 장군이 군사를 훈련하던 진배미유지 들판

트랙 41-1 스탬프가 있는 남사예담촌 이사재까지는 지리산대로를 따라서 가기로 했다. 그때는 몰랐다. 알았으면 절대 가지 않을 길이라는 것을. 손경래 고택에서 지리산대로에 이어진 옥단로는 직선으로 길게 뻗어 있었다. 길 중간에 대안학교인 지리산고등학교가 있었다. 지리산고등학교는 우리나라에서 최초로 완전 무상교육을 했고, 입학식을 지리산 정상인 천왕봉에서 하는 것이 전통이라고 한다. 이순신 장군의 "사사로운 이익보다 공익을 앞세운다"라는 말씀이 이 학교의 실천강령이다. 학생들이 지리산의 정기와 장군의 뜻을 본받아 우리나라의 인재가 되기를 소망해본다.

덕천강 쉼터가 있는 곳에서부터 지리산대로가 시작됐다. 지리산대로로 들어가는 헤드핀을 올라가면서 이 길을 잘못 선택한 것 같다는 느낌이 스멀스멀 들기 시작했다. 갓길도 없는 도로에는 차들은 왜 이리 많은지, 고도가 높아지면서 전망은 좋았지만 갓길 말고는 아무것도 볼 여유가 없었다. 갓길은 곳곳이 파이고, 종종 나뭇가지가 떨어져 있었는데 매번 아슬아슬하게 피해서 갔다. 펑크 걱정만 아니었어도 이런 길을 가지 않았을 텐데. 그렇다고 지금 다른 선택을 할 수 있는 것도 아니다. 지리산 대로에는 왜 갓길을 만들어 놓지 않았을까. 도로 이름도 대로라고 해놓고 말이다. 혼자서 씩씩댔다.

잠시 서서 쉴 만한 곳이 하나도 없어서 남사예담촌 앞 급경사 길까지 쉬지 않고 내려갔다. 마지막 가팔막에서는 더 살이 떨렸다. 커브와 경사가 심한 좁은 도로에서 천막을 친 대형트럭들이 질주하는데 반대편 차선에도 차가 꼬리를 물고 있어서 뒤에 오는 차가 돌아가기를 바랄 수도 없었다. 팀 라이딩을 한다면야 차선을 점유하면서 내려갔겠지만, 지금은 홀몸, 그저 차가 나를 건

들지 않기만을 기도하며 실 같은 흰 선에 앞바퀴를 맞추는 데 온갖 신경을 곤두세웠다. 남사예담촌 앞에서 마지막 반 회전 급경사를 내려와서 물레방아 앞에서야 겨우 멈출 수 있었다. 송치터널보다 여기가 나은 건 밝다는 거 한 가지뿐이다. 물을 한 모금 마시고, 쉼을 몰아 쉬었다. 이사재를 가기 위해 도로를 건너야 하는데 진짜 차가 너무 많아서 겨우 2차선 도로조차 지나갈 틈이 없었다. 차량이 잠깐 빈틈을 타서 강을 건너듯 겨우 도로를 건너갔다. 아, 지리산대로여. 너는 왜 이러냐.

건너편에 있는 한옥마을은 평화로웠다. 산청군 남사예담촌은 한국에서 아름다운 마을 1호로 꼽힐 정도로 널리 알려진 전통 한옥마을이다. 다리를 건너 이사재 정자에서 트랙 41-1 스탬프를 찍었다. 나무 그늘이 있는 이사재 돌계단에는 공사 인부들이 쉬고 있어서 안으로 들어가지 않았다. 이순신 장군은 1597년 6월 1일 억수같이 퍼붓는 빗속에서 저물어서야 박호원의 농사짓는 종 집에 도착하였는데, 집 상태가 좋지 못해 간신히 지냈다고 했다. 지금의 이사재는 박호원의 제사를 지내고 관리를 하는 건물이고, 장군이 묵었던 종의 집은 한옥마을 중간 어딘가에 있었으리라.

마을을 모자처럼 감싸 흐르는 남사천 변을 돌아다니다가 배롱나무꽃이 드리워진 돌담 아래 의자에 앉았다. 남사예담촌은 이름에서 알 수 있듯 한옥 사이 돌담길이 유명하다. 마을 토담길 3.2km가 문화재로도 등록되어 있고, 이씨 고택 앞 돌담길 부부회화나무는 유명한 포토존이다. 마을에 있는 기산국악당에서는 정기적으로 국악공연도 열린다. 의자에 앉아서 빵을 먹었다. 돌담에 흔들리는 배롱꽃이 한 폭의 동양화 같았다. 다시 들어가야 하는 지리산대로를 잠시 잊을 수 있었다. 한적한 길에 관광객 몇 명이 나타났다.

다시 지리산대로로 끼어들어 갔다. 갓길이 없어서 차 사이로 들어갔으니 끼어들어 갔다는 표현이 맞다. 긴장도가 여전히 떨어지지 않았다. 도보 여행기를 보면 이 길이 사람에 대한 배려가 없다는 표현이 많았는데 당연히 자전거에 대한 배려도 없는 길이다.

단성면에 못 미쳐 '산청목면시배유지'가 있었다. 고려 공민왕 12년(1363)에 원나라에 사신으로 간 문익점이 면화 씨앗을 가지고 와서 이곳에서 처음으로 재배에 성공했다. 당시 원나라는 면화 씨앗 반출을 엄격하게 금지하고 있어서 문익점은 붓 통에다 씨앗 몇 개를 숨겨서 나왔다는 이야기는 유명하다. 면화 재배 성공으로 고려의 백성들도 따뜻한 솜과 질긴 무명옷을 입을 수 있게 되었다. 합성 섬유가 나오기 전까지 솜과 무명은 최고의 의류 소재였다. 면화와 비슷한 시기에 화약도 최무선이 제조법을 알아냈다. 14세기 고려말에 왜구의 피해가 극심했는데, 고려에는 왜구를 섬멸할 수 있는 화약이 없었다. 원나라에서는 화약의 제조법도 극비에 부치고 있어서 알아낼 방법이 없었다. 최무선은 중국 상인들이 많이 드나드는 벽란도에서 원나라 염초장을 지닌 이원이라는 상인에게서 갖은 노력을 다해 화약 제조법을 알아냈다. 최무선은 1377년 고려 우왕을 설득해 화통도감을 설치하고 화약과 대포를 제조해서 1383년 진도에 침입한 왜선 500여 척을 무찔렀다. 화포의 제작과 해전 사용은 조선에서도 계속 발전해서 임진왜란 해전에서 중요한 역할을 하게 된다.

단성교를 건너 신안면으로 갔다. 살짝 내리막에 있는 편의점에서 생수와 좋아하는 멜론 빙과를 샀다. 편의점 앞 나무 탁자와 의자에 물을 올려놓고 먹는데 물통이 바닥에서 떨어지지 않았다. 옆에 "신나를 칠했으니 앉지 마시오"라고 쓰여있는 글이 그제야 보였다. 신나 냄새가 진하게 났다. 달리 갈 곳도 없어 의자 옆에 쭈그리고 앉아서 멜론 빙과를 마저 먹었다. 멜론바에서 신나 냄새가 났다.

신안파출소는 원지삼거리에 있었다. 파출소 정문에 기대어 놓은 자전거를 보더니, 경찰이 안에서 나왔다. 트랙 42 스탬프를 찍었더니 백의종군로를 가냐고 묻는다. 이번엔 경찰 눈도장을 찍었다. 신안면은 작지만 활기찬 느낌이 드는 마을이었다. 마을 모양이 마치 구두 같고, 지나가는 지리산대로는 구두칼처럼 생겼다. 이런 모양은 다 지형 때문이다. 마을이 서남으로 남강과 양천강이 접해있고, 동북으로는 적벽산과 하정리 산 사이에 있기 때문이다. 백의종군로는 적벽산 아래 증천갈전로와 국도 1006번을 따라서 단계삼거리로 가지만, 지리산대로를 계속 갔다. 차량이 줄어든 지리산대로는 문대리 삼거리에서 길이 갈라졌다. 갈림길을 보는데 갑자기 자전거가 요동을 쳤다. 도로에 강철 요철이 박혀 있었다. 자전거 위에서 로데오를 탄 것처럼 들썩거리면서도 펑크 걱정이 먼저 났다. 갈지자로 왔다 갔다 하면서 겨우 문대리 삼거리에 도착했다. 다행히도 자전거는 넘어지지도 펑크가 생기지도 않았다.

삼거리에서 그토록 벗어나고 싶던 지리산대로에서 나와서 국도 1006번 신차로에 접어들었다.

안녕, 지리산대로야. 내가 다시는 지리산대로를 오나 보자.

▲ 신안면 소재지 거리

 한 소리를 뒤로 내뱉었다. 길은 정말 한가했다. 지리산대로에서 얼마나 시달렸는지 평범한 단계면 가는 길이 편안함을 넘어 감미롭기까지 했다. 논과 산들이 살갑게 느껴졌다. 편의점에서 물을 사서 문 앞 의자에 앉아서 벌컥벌컥 마셨다. 물은 시원하고 달았다. 편의점 이름이 전에는 금붕어슈퍼였다고 하는데, 마치 금붕어처럼 물을 먹었다.

 단계마을로 들어가는 오르막을 올라 짧은 내리막을 신나게 내려오니 벌써 마을 입구였다. 트랙 43 스탬프가 있는 단계삼거리 이순신 쉼터는 마을 뒤에 있는 천변으로 들어가야 한다. 복지회관 앞 공원에 이순신 장군 추모비가 있었다. 스탬프 함이 있는 쉼터 정자에서는 노인들 여러 명이 바둑과 약주를 하면서 소일하고 있었다. 스탬프를 찍고 삼거리로 되돌아 나왔다. 삼거리 상가 건물의 그늘진 벽면이 어둡고 무겁게 느껴졌다.

마을 뒤안길을 이리저리 돌아다녔다. 신안면은 작고 빽빽한데 신등면 단계마을은 넓고 조용했다. 단계마을은 예로부터 '등 따숩고 배부는 마을'로 불렸고, 인재가 많이 나온다는 마을이었다. 남사예담촌처럼 전통 가옥이 많고, 2.2km에 달하는 토담길이 문화재로 지정되어 있다. 관광지인 남사예담촌에 비해서는 소박하고 조용한 느낌이 드는 마을이었다.

마을에서 나와 1006도로 오르막을 올라갔다. 갑자기 졸음이 쏟아졌다. 고글 밖으로 보이는 세상이 비현실적으로 느껴졌다. 아무 소리도 들리지 않는 어두운 우주 공간에서 유영하는 듯 했다. 20여 분을 그렇게 졸며 달렸나 보다. 급경사 내리막에서 잠이 깼다. 지도를 보니 백의종군로에서 많이 벗어났다. 갈 때는 시간의 흐름이 느껴지지 않던 길이 되돌아올 때는 왜 그리 길게 느껴지는지. 마을로 들어와서 금호타이어 창고를 돌아 단계교 다리로 갔다. 넓은 길 좌우로 한옥의 돌담길이 단정하고 소담스러웠다. 단계교 너머 1089 도로와 60번 도로가 삼가면으로 이어졌다.

면과 면을 이어주는 도로는 어떤 곳에서는 마을 중앙을 지나가기도 하고, 다른 곳에서는 마을 밖을 돌아서 갔다. 가회면에서는 마을 밖으로 돌아서 갔다. 마을 안은 보이지는 않았지만, 좌우로 산과 산동천 사이에 가지런한 논이 보기에 좋았다.

합천군의 행정구역은 1읍 16면이다. 면적은 서울의 1.6배 크기인 983.47㎢, 인구는 42,320명이다. 노인 인구는 17,697명으로 노령화율이 41.8%이다. 인구가 계속 감소해왔지만, 2020년부터 감소세가 멈췄다. 아마 더 유출될 인구가 없어서 일 것이다. 지역 내 관광지로 팔만대장경이 있는 가야산 해인사가 있다. 팔만대장경은 13세기 몽골 침략군을 불력으로 지키고자 고려에서 15년에 걸쳐 완성한 목판대장경이다. 열린다. 가을에는 북촌면 직전마을의 코스모스와 메밀꽃 축제로 유명하다.

가회면부터는 합천군이다. 합천군에는 경외감을 느끼게 하는 자연문화 유산이 최근에 하나 발견되었다. 2022년 5월에 초계-적중면 분지가 한반도 최초의 운석 충돌구로 확인되었는데 운석공의 지름이 무려 7km이다. 미국의 유명한 애리조나 베린저 운석공의 지름이 1.2km인 것과 비교하면 정말 굉장한 크기다. 5만 년 전 지름 200m의 불덩어리가 합천 초계지역에 떨어졌다. 학계에서는 반경 50km가 초토화되고, 200km까지 열폭풍이 몰아쳤을 것으로 추정된다. 5만 년 전에 한반도에 살던 구석기인과 생태계는 엄청난 피해를 봤을 것이다. 비교적 최근에 한반도에서 이런 사건이 있었다니 그저 놀라울 뿐이다. 초계-적중 운석공은 아시아에서 두 번째로 발견된 운석공으로 합천군에서는 과학관 설립과 세계지질문화유산 등재를 추진하고 있다고 한다.

백의종군로는 합천군에서 가회면, 삼가면, 쌍백면, 대양면, 초계면을 거쳐 최종목적지인 율곡면에서 마침표를 찍는다. 가회면에서 삼가면으로 가는 길은 오르막보다는 내리막이 많았고 산기슭을 이리저리 돌아가며 다양한 풍경이 펼쳐져서 지루하지 않았다.

　삼가면 7km라고 적힌 표지판이 보였다. 다 온 줄 알았는데 아직도 한참 더 남았다. 외동마을을 지나 회전교차로에서 삼가면으로 일직선으로 뻗어 있는 도로에는 정면에 쏟아지는 오후 햇살에 눈이 부셨다. 삼가면 3km, 거리 표지판이 또 나타났다. 다 온 거 같은데, 3km를 더 가야 했다. 몸이 많이 지치긴 지쳤나 보다. 삼가면 못 미쳐 내동마을에는 홰나무 정자가 있었다. 장군은 1597년 음력 6월 2일 오락가락하는 빗속에서 이 정자에서 쉬었다고 했다. 이때 노승일 형제가 와서 만났다고 했는데, 아마도 마을 사람인 그들이 백의종군을 하는 장군을 위로하고 백성들이 원하는 것을 조곤조곤 이야기했을 터이다.

　드디어 삼가면에 도착했다. 삼가로를 따라 면내로 들어가니 삼가기양루 팔작지붕이 보였다. 기양루는 고을 수령의 연회장으로 쓰던 전망 좋은 건물이다. 동쪽에 삼가현 동헌 터가 남아 있었다. 이순신 장군은 늦게 도착해서 하루 묵고 다음 날인 6월 3일에 초계현으로 출발하려고 할 때 많은 비가 와서 쭈그리고 앉아서 갈 길을 걱정했다고 했다. 아마, 동헌의 입구인 기양루 2층에서 내리는 비를 바라보고 있지 않았을까, 쭈그리고 앉아서 비를 바라보는 이순신 장군을 상상해보니 입가에 웃음이 돌았다. 장군은 이곳에서 고을 사람에게 밥을 얻어먹은 종들을 매질하고 쌀을 도로 갚아주었다고 했다. 백성들에게 조그만 피해도 주지 않으려는 장군의 엄격한 성품을 알 수 있는 대목이지만 수행하는 종들은 억울했을 것 같기도 하다. 마을 주민을 강박해서 얻어먹은 것도 아닌데 하면서 말이다.

삼가면은 고려왕조부터 현청이 있던 지역이었고, 1414년 조선 태종 때 삼기현과 가수현이 병합하여 지금의 이름이 되었고, 조선 말 고종 때 현에서 군으로 승격할 정도로 중심지역이었다. 임진왜란 때 일본군이 북진하는 주요 진격로 상에 있어서 막대한 피해를 입었다. 역주 동국신속삼강행실도 열녀도 제7권에는 '막금투애(莫今投崖)'가 있다. '사비 막금은 삼가현 사람이니, 임춘손의 아내. 왜적이 핍박하는 바가 되어 벼랑에 떨어져 죽었다. 지금 조정에서 정문을 세웠다.'라고 기록되어 있다.

일본이 침략할 때마다 삼가현에서 의병이 일어났다. 임진왜란 때는 윤탁이 의병을 일으켰고, 1908년 삼가의병단을 조직하여 항일 독립투쟁을 하였다. 일제강점기 합천에서 일어난 3.1만세운동은 격렬하였는데 삼가장터에서만 21명이 순국했다. 장터에는 이를 기리는 기념비가 있다. 면내에는 삼가시장이 있고, 합천한우거리가 있다.

▲ 삼가면사무소

오늘 출발할 때 이번 여행이 끝날지도 모른다고 생각했지만 벌써 오후 5시 20분이다. 오늘은 더 이상 가기 힘들다. 내일 마지막 일정을 남겨두고, 삼가시장 거리에 있는 대성식당에서 백반을 먹었다. 나물과 젓갈, 생선, 시래기국이 푸짐했다. 다리를 쭉 펴고 맛있게 먹었다. 찬이 많아서 조금 남겼는데 주인 할머니는 시골 음식이어서 맛깔스럽지 않다며 오히려 미안해하신다. 괜히 나도 미안해졌다. 다리가 불편한 할머니가 음식을 나르느라 왔다 갔다 하시는 모습이 안쓰러웠다.

대성식당 위로 삼가초등학교로 건너가는 다리 앞 백중약국에 들렀다. 상처에 붙이려고 반창고를 사는데 약사님이 친절하게 이런저런 조언을 해주었다. 약사님도 연세가 많다. 삼가면에서는 거의 모든 사람이 노인들이었다. 대성식당 뒤가 삼가시장인데 가게들은 거의 문을 닫았다. 어떤 가게는 거의 부서져서 입구에 쓰레기가 잔뜩 쌓여있고 천막으로 입구를 가린 가게도 여럿 보였다. 마을의 규모가 다른 마을보다 큰 곳인데 지금은 쇠락한 느낌이 이곳저곳에서 묻어났다.

도시도 나이를 먹는가. 지금 수도권의 젊은 도시도 시간이 지나면 이런 모습이 될까. 늙어가는 도시를 보니 마음이 착잡해졌다. 합천군은 한국에서도 대표적인 지방소멸 우려 지역이다. 고령화율은 41%로 228개 시군구 중 225위이다. 지나온 산청군, 하동군 또한 합천군과 함께 전국 소멸 우려 지역에 들어가 있다. 시장에서 일하는 노인들은 느리게 움직였다. 삼가면은 도시와 마을의 미래에 대해 다시 생각해보게 하는 마을이었다.

오늘 야영 장소인 삼가초교는 마을 강 건너편에 있다. 일부 교사 동을 리모델링 하는지 안쪽 건물에 철골 구조물이 설치되어 있고 가림천이 둘러쳐 있었다. 텐트 칠 자리를 봐두고 나서 다시 다리 건너 강둑에 있는 정자에 돌아와서 기둥에 등을 기대었다. 석양이 얼굴을 붉게 물들였다. 삼가교 다리 건너 양천과 용흥천이 만나는 두물머리 넓은 둔치에 어둠이 천천히 내리고 있었다. 강변 어디선가 두런거리는 소리가 가깝게 들려왔다. 내일이면 이 여행도 끝날 것이다. 여행이 끝나면 어떤 기분일까. 지금은 단지 시원하게 씻고, 쾌적하게 자고 싶은 마음뿐이다.

난중일기

6월 2일[신유]
비가 오다 개다 했다. 일찍 출발하여 단계(丹溪, 산청 신등) 시냇가에서 아침밥을 먹었다. 늦게 삼가현(삼가 금리)에 도착하니, 현감(박몽득)은 이미 (백마) 산성으로 가서 빈 관사에서 잤다. 고을 사람들이 밥을 지어서 먹게 했으나 먹지 말라고 종들에게 타일렀다. 삼가현 5리밖에 홰나무 정자가 있어서 내려가 앉아있는데, 근처에 사는 노순(盧錞)과 노일(盧鎰) 형제가 와서 만났다.

6월 3일[임술]
비가 계속 내렸다. 아침에 출발하려고 하니 비가 이토록 와서 쭈그리고 앉아 고민하고 있을 때쯤 도원수(권율)의 군관 유홍(柳泓)이 흥양에서 왔다. 그에게 길을 물어보니 출발하지 못할 정도라고 하여 그대로 묵었다. 아침에 들으니 고을 사람들의 밥을 얻어먹었다고 하기에 사내종들에게 매질을 하고 밥한 쌀을 돌려주었다.

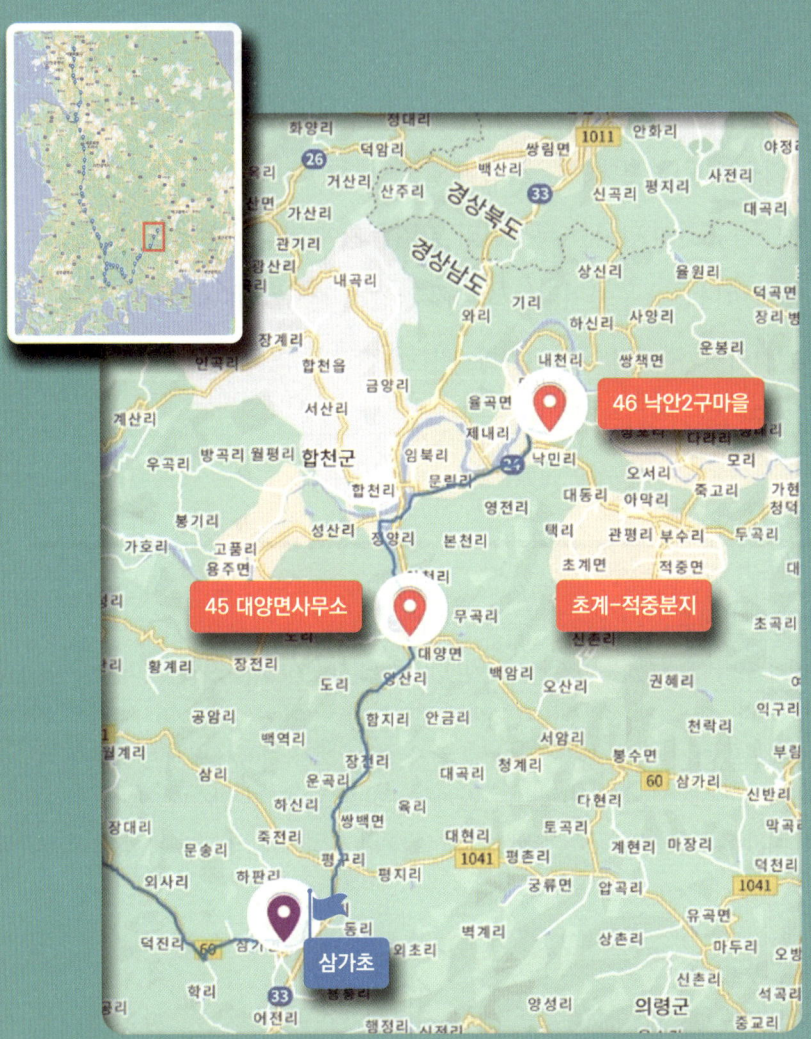

백의종군로 자전거 순례 13(피날레)일
합천 종착지에 서다

장군, 제 삶에
백의종군하겠습니다!

(삼가초) ▶ 대양면사무소
▶ 낙안 2구마을 (종착지)

8.6(토)

- 시간 2:30h
- 거리 28km
- 트랙 45, 46
- 날씨 구름 조금
- 기온 35.4-29.6°C

백의종군로 자전거 순례 13(피날레)일 합천 종착지에 서다

장군, 제 삶에 백의종군하겠습니다!

학교 운동장 뒤 새벽안개가 지상과 하늘의 경계를 지우며 피어올랐다. 동녘 하늘에서는 금빛 햇살이 쏟아져 내렸다. 다리 건너편 마을에는 동네 슈퍼 하나가 일찍 문을 열었다. 가게에서 생수 한 통을 들고 카드를 내밀었더니 주인 할아버지가 500원짜리 생수 하나를 사면서 카드 결제를 한다고 짜증 냈다. 아침부터 기분이 별로였지만 코로나19로 가뜩이나 어려울 텐데, 구멍가게에서 마수걸이가 500원 카드 계산이니 기분이 안 좋겠다 싶기도 했다. 현금이 없어서 얼른 과자 하나를 더 사서 2,000원을 만들었다. 그새 할아버지 마음이 풀어졌다.

"할아버지, 이곳 토박이세요?"

"나는 이곳에서 나고 자랐어."

"삼가면은 조선 시대에는 관청도 있었고, 젊었을 때는 우시장도 열릴 정

▲ 삼가초등학교 교정

도로 활기가 넘치던 읍이었거든. 그때 참 좋았지……."

이야기를 듣다 보니 황소가 음매 음매 오가고, 왁자지껄하던 예전 삼가면 시장 거리 모습이 보이는 듯도 했다. 쇠락한 삼가면이 뒤로 멀어져갔다. 백의종군로는 33번 국도인 합천대로 좌우에 붙어있는 소로를 따라 대양면사무소까지 간다.

일단 대양면사무소까지는 큰 도로로 갔다. 아침 7시 50분, 합천 대로에서 내려와서 대양면사무소에 도착했다. 44번 스탬프를 찍고 삼가면 슈퍼 할아버지에게 한 소리 듣고 나서 산 에이스 과자를 먹었는데 맛이 좋았다. 안 샀으면 이 맛을 못 봤겠지. 그래서 인생은 새옹지마라고 하지 않는가.

합천대로는 좋았다. 15km 정도 될까, 갓길이 거의 자전거 도로라고 해도 될 정도로 넓고 깨끗했다. 차도 없고, 시야도 시원한 것에 더해 경치까지 좋았다. 대양면 조금 못미쳐 고가 아래 밭에서 김을 매는 아주머니의 빨간 몸빼

13일_합전대로에서 내려본 풍경

바지가 멀리서도 선명했다. 삼가면에서 대양면사무소까지는 달리기 좋은 자전거길이었다.

    이제 마지막 구간만 남았다. 하나만 더 가면 된다. 아침은 언제나 좋았었다. 맑거나 비가 오거나 언제나 좋았다. 오늘도 역시나 좋다. 대양면사무소부터는 큰 도로에서 벗어나 백의종군로를 따라서 갔다. 이제는 펑크가 나도 끌고 갈 수 있는 거리까지 왔다. 정양삼거리 못 미쳐 호수가 나무 사이로 언뜻언뜻 보였다. 정양늪 생태공

▲ 삼가면 소재지 거리

원이었다.

1988년에 합천댐이 생긴 후로 면적이 줄어서 0.41 km² 밖에 안 되지만 고유종인 금개구리 등 희귀 동식물이 서식하는 생태계 보전 지역이다. 경상남도에만 309개 나 되는 크고 작은 습지가 있는데 정양늪은 람사르 습지인 창녕의 우포늪과 함께 대표적인 생태습지다.

정양삼거리 중앙에 설치된 회오리 조형물 사이로 합천군 시내 아파트 건물 두 동이 조그맣게 보였다. 우측 동부로를 따라갔다. 이순신 장군은 난중일기에 마을 오리 전쯤 갈림길이 있었다고 한 곳이 바로 이곳이다. 문임리를 지날 즘 큰 바위 절벽에 그늘이 져서 어두웠다. 개벼리교에서 뒤돌아보니 절벽 머리가 마치 독수리 부리처럼 툭 튀어나와서 일견 험상궂은 모습이다. 절벽 앞에 크게 굽이쳐 흐르는 황강에는 너른 벌판이 펼쳐져 있었다. 이순신 장군은 "개연으로 오는 데 기암절벽이 천 길이나 되고 강물이 굽이 돌며 깊었고,

▲ '이곳이 모여곡이 아닐까?' 싶은 곳

길에는 또한 건너질러 놓은 다리가 높았다. 이 험한 곳을 눌러 지킨다면, 만 명의 군사라도 지나가기 어려울 것이다. 이곳이 모여곡이다"라고 했는데, 장군이 지적한 모여곡이 이곳인 것 같았다. 이곳의 험상궂은 절벽과 개벼리교를 지키고 있으면 한 명이 군사로도 능히 만 명이 적을 방어할 수 있을 곳처럼 보였다. 이곳에서 권율 도원수의 진이 보였다고 했는데 아마 개벼리교 건너 벌판이 아닐까 싶었다. 길가에 '백의종군로, 이어해가 1.5km'라고 쓰인 표지판이 나타났다. '이어해 가(家)'는 이순신 장군이 초계에 도착해서 머물렀던 집이다. 지금은 낙안2구마을이다. 아침 햇살이 비치는 길에는 이따금 공사 차량이 털털거리며 지나가고 나면 적막함이 느껴질 정도로 조용했다. 자전거 속도를 줄였다.

'장군, 드디어 초계에 도착했습니다.'

▲ 트랙 44 스탬프 함이 있는 대양면사무소 정자

▲ 백의종군로 피날레 낙안2구마을회관으로 향하는 도로   ▲ 백의종군로 피날레 낙안2구마을회관 앞

'입술이 터졌구나, 지금 몸은 어떤가.'

'너무 많이 지쳤습니다. 그래도 아침이 되면 힘이 다시 났습니다.'

'먼 길 오느라 고생이 많았다.'

'장군께서는 말도 더위를 먹어 여물을 먹지 못하고, 비가 억수로 내리는 길에서 엎어지고 자빠지며 해충이 들끓고 헐벗은 농가 집에서 하루를 새 시기도 하며 길고 긴 1,500리 백의종군로를 달려 이곳까지 오셨습니다.'

'그래, 힘들고 먼 길이었지. 그 길에서 몸보다 마음이 더 힘들었다네. 그리고 못난 자식을 보기 위해 험한 뱃길을 오시다 돌아가신 어머니, 어머니를 생각하면 마음이 갈가리 찢긴다네.'

'장군이 간 길을 따르며, 가마솥더위에 몸이 익었고, 퍼붓는 빗속에서 고개를 들지 못했습니다. 여원재 옛길에서는 엎어지고 자빠지며 수풀 속에서 길을 잃어 장군을 애타게 찾았고, 순천 송치고개에서는 비 내리는 하늘을 보

며 울면서 고개를 넘어갔습니다. 백의종군로 굽이굽이마다 장군과 이야기를 나누었고, 우리나라의 눈부신 발전과 아름다운 자연을 보았고 사람의 따뜻한 정을 느꼈습니다. 장군과 함께 간 백의종군로를 어찌 필설로 다 말할 수 있겠습니까?'

'나와 함께 목숨을 바쳐 이 나라를 지킨 이름 모를 군사들과 백성들이 너를 통해 본 지금의 이 나라를 본다면 참 보람되고, 감격스러워할 것 같구나.'

'저도 장군과 함께 달린 이 길의 기록을 남기려 합니다. 우리나라와 세계의 많은 사람이 이 길을 순례하며 장군의 글과 정신을 몸과 마음으로 느꼈으면 합니다.'

'그래, 그거 좋은 생각이다.'

'장군, 한 가지 더 아뢰고 싶은 말씀이 있습니다.'

'무엇이더냐?'

'장군, 제 삶에 백의종군하겠습니다. 이 말이 초계에 닿기 전 마음속에서 계속 맴돌았습니다. 왜 이 말이 마음에 맴돌았는지 모르겠습니다. 어떤 어려움이 있어도 제 삶에 다시 백의종군하겠다는 마음이 샘솟듯이 터져 나와 막을 수가 없습니다. 캄캄하던 마음에 한 줄기 빛이 비치듯, 타는 갈증을 해소하고자 한 모금 생명수를 마시듯, 애성이 난 마음에 다시 백의종군하자는 마음은 그렇게 뜨겁게 솟아났습니다. 그렇다고 제 삶이 가벼워지거나 기쁨으로 가득하지는 않을 겁니다. 여전히 터널처럼 어둡고 답답하고 길은 보이지 않겠지만, 장군과 백의종군로를 가면서 저녁 어둠에 쓰러지고 아침 햇볕에 다시 일어났듯이, 자전거 바퀴 1미터 앞만을 보면서 달렸듯이, 모든 욕심과

집착, 번민을 내려놓고 남은 삶을 살아갈 의지와 힘이 생겨났습니다. 장군, 제 삶에 다시 백의종군하겠습니다. 이것이 제가 백의종군로를 달리며 얻은 단 하나의 교훈이고, 장군께 드리는 마지막 말씀입니다.'

'삼복더위와 폭우 속에서 백의종군로 1,500리 길에서 얻은 삶의 교훈을 잊지 마라. 너의 삶에서도 꼭 백의종군로 끝에 서길 바란다.'

'예! 장군!'

마을 입구는 공사가 한창이었다. 흙길로 된 비포장 다리를 건너 낙민2구 마을회관에 도착했다. 그동안 달려온 길이 물밀듯 밀려왔다. 힘들었고 위험했고, 외로웠고, 두렵고, 아름다웠고, 담담하기도 했던 길, 불지옥과 물 지옥을 오가던 13일, 모든 저녁은 너무 힘들었고 모든 아침은 어김없이 좋았던 길, 그 길은 이제 끝났지만, 삶의 길은 계속된다. 합천으로 난 길을 달리며 길은 길로 이어짐을, 삶은 삶으로 이어짐을 생각했다. 멀리 강물 위로 정양삼거리에서 얼핏 보았던 합천 시가지 아파트가 크게 다가왔다.

▲ 정양삼거리

▲ 길의 끝에서 길은 길로 이어짐을, 삶의 끝에서 삶은 삶으로 이어짐을 알았다.

6월 4일[계해]

흐리다가 맑음. 일찍 출발하여 막 떠나려는데 현감(박몽득)이 문안편지와 함께 노자까지 보내왔다. 낮에 합천 땅에 도착하여 관아에서 10리쯤 되는 곳에 괴목정이 있어서 아침밥을 먹었다. 몹시 더워서 한참 동안 말을 쉬게 하고, 5리 되는 전방에 당도하니 갈림길이 있었다. 하나는 곧장 고을(합천)로 들어가는 길이고, 다른 하나는 초계로 가는 길이다. 그래서 강(황강)을 건너지 않고 겨우 10리(약 4Km)를 가니 원수(권율)의 진(陣)39가 바라보였다. 문보(文珤)가 우거했던 집에 들어가서 잤다. 개연40으로 걸어오는데 기암절벽이 천 길이고 강물은 굽이굽이 흐르며 깊었고, 길은 또한 건너지른 돌길이 위험했다. 만일 이 험한 길목을 지킨다면, 만 명의 군사도 지나가기 어려울 것이다.

6월 5일[갑자]

맑음. 서풍이 크게 불었다. 아침에 초계 군수(정이길)가 모여곡(毛汝谷, 율곡 매실마을)으로 달려왔기에 바로 그를 불러들여 이야기했다. 식후에 중군 이덕필도 달려 와서 함께 지난 일을 이야기했다. 얼마 후 심준(沈俊)이 보러 와서 함께 점심을 먹고 잠자는 방(이어해 집)을 도배했다. 저녁에 이승서(李承緖)가 보러 와서 파수병과 복병이 도피한 일을 말했다. 이날 아침에 구례 사람과 하동 현감(신진)이 보내준 사내종과 말들을 모두 돌려보냈다.

🚴 한국체육진흥회 트랙 스탬프 구간표

스탬프	위치	거리(km)	스탬프	위치	거리(km)
1-1	탄생지(명보아트홀)	0	26	이백면사무소	9.8
1	의금부터	1.7	27	운봉초등학교 정문	10.5
2	남태령 옛길입구	16.7	27-1	주천면 지리산 둘레안내센터	15.6
3	길산동 행정복지센터	11.1	28	지리산유스캠프 굴다리	4.4
4	GS25 수원서점	13.8	28-1	밤새정상 정자	3
5	용주사 입구	9.4	28-2	산수유시배지 위 정자	5
6	진위면사무소	18.4	29	구례 손인필 비각 구국정	18.6
7	평택역(TMO)	14.1	30	구례구역	8.4
7-1	팽성객사	3.7	30-1	황전면사무소	11.7
8	이순신묘소 정문	16.7	31	학구마을회관 앞	12.2
9	아산현충사 정문	8.3	32	순천선평삼거리 서면우체국	7.9
10	게바위 정자	15.4	33	동해마을입구 주막집	30.3
11	창제귀선카페	12	34	구례종합운동장 정자	7.2
12	보산원초등학교	17	34-1	운조루앞 오미정	6.8
13	정안면사무소	12.2	35	석주관	7.9
14	공주예비군훈련장 정문	16.8	35-1	화개장터관광안내센터	6
15	계룡면행정복지센터	16.3	36	최참판댁 전 파란들빵카페	9.2
16	노성면사무소	11.4	37	하동 흥룡마을회관	8.5
17	부적농협 앞 다오정	8.8	38	하동 두곡마을회관	7.1
18	여산파출소	13.1	39	주성마을회관	15.5
19	익산보석박물관	8.8	40	서황리(중촌마을회관)	16.3
20	삼례역	12.1	41	손경례가 입구 정가	16.7
21	풍남문 GS25 한옥광장점	16.3	41-1	남사마을 이사재	9.7
22	슬치리고개 백산식당	19.2	42	신안파출소 정문	6.7
23	임실읍사무소	11.9	43	단계삼거리 이순신쉼터	10.8
24	오수면사무소	11.9	44	삼가면사무소	19.6
24-1	남원농협 덕과지점	4.1	45	대양면사무소	15.1
25	남원향교	12	46	낙민2구마을회관	12.9

* 백의종군로 GPX파일 제공사이트: 한국체육진흥회 다음카페 '백의종군길 걷기'

🚲 스탬프 위치

1-1 탄생지(명보아트홀)	1 의금부터(출발지)	2 남태령옛길입구

3 갈산동행정복지센터	4 GS25 수원서점	5 용주사 입구

6 진위면사무소	7 평택역(TMO)	7-1 팽성객사(공사중)

8 이순신묘소 정문(공사중)	9 아산현충사 정문	10 게바위 정자

11 창제귀선카페	12 보산원초등학교	13 정안면사무소

14 공주예비군훈련장 정문	15 계룡면행정복지센터	16 노성면사무소
17 부적농협 앞 다오정	18 여산파출소	19 익산보석박물관
20 삼례역	21 전주풍남문 GS25 한옥광장점	22 슬치리고개 백산식당
23 임실읍사무소(공사중)	24 오수면사무소	24-1 남원농협 덕과지점
25 남원향교	26 이백면사무소	27 운봉초등학교 정문

27-1 주천면지리산둘레안내센터	28 지리산유스캠프 굴다리	28-2 산수유시배지 위 정자
29 구례 손인필 비각	30 구례구역	30-1 황전면사무소
31 학구마을회관 앞	32 순천선평삼거리 서면우체국	33 동해마을입구 주막집
34 구례종합운동장 정자	34-1 운조루뒤 오미정	35 석주관(화장실)
35-1 화개장터관광안내센터	36 최참판댁 입구 파란들빵카페	37 하동흥룡마을회관

38 하동두곡마을회관	39 주성마을회관	40 서황리(중촌마을회관)
41 손경례가 입구 정가	41-1 남사마을 이사재정자	42 신안파출소 정문
43 단계삼거리 이순신쉼터	44 삼가면사무소 정자	45 대양면사무소
46 낙민2구마을회관		

1,700리 백의종군로 자전거 순례 13일의 기록
백의종군로에서 삶을 보다

인쇄·발행	2024년 11월 11일
지은이	길하늘
펴낸 곳	글로벌마인드(주)
발행·편집인	신수근
편집디자인	고은아
등록번호	제2014-54호
주소	서울 관악구 관악로 105 동산빌딩 403호
전화	02-877-5688(대)
팩스	02-6008-3744
이메일	samuelkshin@naver.com
사이트	www.globalmindmedia.co.kr
ISBN	978-89-88125-64-9 부가기호 03910
정가	17,800원

※ 여행마인드는 글로벌마인드(주)의 여행 부문 전문 출판 브랜드입니다.